<u>dtv</u>
Bibliothek der Erstausgaben

★

Joseph Freiherr von Eichendorff
Aus dem Leben eines Taugenichts

Joseph Freiherr von Eichendorff

Aus dem Leben eines Taugenichts

Novelle

Berlin 1826

Herausgegeben von
Joseph Kiermeier-Debre

Deutscher Taschenbuch Verlag

Der Nachdruck des Textes folgt originalgetreu
der Erstausgabe von 1826.
Die Originalpaginierung wird im fortlaufenden Text vermerkt.
Der Anhang gibt Auskunft zu Autor und Werk.

Originalausgabe
April 1997
4. Auflage Februar 2003
Deutscher Taschenbuch Verlag GmbH & Co. KG, München
© 1997 Deutscher Taschenbuch Verlag, München
www.dtv.de
Umschlagkonzept: Balk & Brumshagen
Umschlagbild: Ausschnitt des Gemäldes
„Bildnis der Clara Bianca von Quandt"
von Julius Schnorr von Carolsfeld
Gesetzt aus der Bembo Berthold
Satz: Fritz Franz Vogel, CH-Wädenswil
Druck und Bindung: Druckerei C. H. Beck, Nördlingen
Gedruckt auf säurefreiem, chlorfrei gebleichtem Papier
Printed in Germany · ISBN 3-423-02605-7

Aus dem Leben eines Taugenichts.

———

Novelle.

ERSTES KAPITEL.

Das Rad an meines Vaters Mühle braußte und rauschte schon wieder recht lustig, der Schnee tröpfelte emsig vom Dache, die Sperlinge zwitscherten und tummelten sich dazwischen; ich saß auf der Thürschwelle und wischte mir den Schlaf aus den Augen, mir war so recht wohl in dem warmen Sonnenscheine. Da trat der Vater aus dem Hause; er hatte schon seit Tagesanbruch in der Mühle rumort und die Schlafmütze schief auf dem Kopfe, der sagte zu mir: „Du Taugenichts! da sonnst Du Dich schon wieder und dehnst und reckst Dir die Knochen müde, und läßt mich alle Arbeit allein thun. Ich kann Dich hier nicht länger füttern. Der Frühling ist vor der Thüre, geh auch einmal hinaus in die Welt und erwirb Dir selber dein Brodt." – „Nun," sagte ich, „wenn ich ein Taugenichts bin, so ist's gut, so will ich in die Welt gehen und mein Glück machen." Und eigentlich war mir das recht lieb, denn es war mir kurz vorher selber eingefallen, auf Reisen zu gehn, da ich den Goldammer, der im Herbst und Winter immer betrübt an unserem Fenster sang: „Bauer, mieth' mich, Bauer |4| mieth' mich!" nun in der schönen Frühlingszeit wieder ganz stolz und lustig vom Baume rufen hörte: „Bauer, behalt Deinen Dienst!" – Ich ging also in das Haus hinein und holte meine Geige, die ich recht artig spielte, von der Wand, mein Vater gab mir noch einige Groschen Geld mit auf den Weg, und so schlenderte ich durch das

lange Dorf hinaus. Ich hatte recht meine heimliche Freud',
als ich da alle meine alten Bekannten und Kammeraden
rechts und links, wie gestern und vorgestern und immer-
dar, zur Arbeit hinausziehen, graben und pflügen sah,
während ich so in die freie Welt hinausstrich. Ich rief den
armen Leuten nach allen Seiten recht stolz und zufrieden
Adjes zu, aber es kümmerte sich eben keiner sehr darum.
Mir war es wie ein ewiger Sonntag im Gemüthe. Und als
ich endlich ins freie Feld hinaus kam, da nahm ich meine
liebe Geige vor, und spielte und sang, auf der Landstraße
fortgehend:

> Wem Gott will rechte Gunst erweisen,
> Den schickt er in die weite Welt,
> Dem will er seine Wunder weisen
> In Feld und Wald und Strom und Feld.
>
> Die Trägen, die zu Hause liegen,
> Erquicket nicht das Morgenroth,
> Sie wissen nur vom Kinderwiegen
> Von Sorgen, Last und Noth um Brodt.
>
> Die Bächlein von den Bergen springen,
> Die Lerchen schwirren hoch vor Lust,
> Was sollt' ich nicht mit ihnen singen
> Aus voller Kehl' und frischer Brust?
>
> |5| Den lieben Gott laß ich nur walten;
> Der Bächlein, Lerchen, Wald und Feld
> Und Erd' und Himmel will erhalten,
> Hat auch mein' Sach' auf's Best' bestellt!

Indem wie ich mich so umsehe, kömmt ein köstlicher Reisewagen ganz nahe an mich heran, der mochte wohl schon einige Zeit hinter mir drein gefahren seyn, ohne daß ich es merkte, weil mein Herz so voller Klang war, denn es ging ganz langsam, und zwei vornehme Damen steckten die Köpfe aus dem Wagen und hörten mir zu. Die eine war besonders schön und jünger als die andere, aber eigentlich gefielen sie mir alle beide. Als ich nun aufhörte zu singen, ließ die ältere still halten und redete mich holdseelig an: „Ei, lustiger Gesell, Er weiß ja recht hübsche Lieder zu singen." Ich nicht zu faul dagegen: „Ew. Gnaden aufzuwarten, wüßt' ich noch viel schönere." Darauf fragte sie mich wieder: „Wohin wandert er denn schon so am frühen Morgen?" Da schämte ich mich, daß ich das selber nicht wußte, und sagte dreist: „Nach W."; nun sprachen beide mit einander in einer fremden Sprache, die ich nicht verstand. Die jüngere schüttelte einigemal mit dem Kopfe, die andere lachte aber in einem fort und rief mir endlich zu: „Spring er nur hinten mit auf, wir fahren auch nach W." Wer war froher als ich! Ich machte einen Reverenz und war mit einem Sprunge hinter dem Wagen, der Kutscher knallte und wir flogen über die glänzende Straße fort, daß mir der Wind am Hute pfiff.

|6| Hinter mir gingen nun Dorf, Gärten und Kirchthürme unter, vor mir neue Dörfer, Schlösser und Berge auf; unter mir Saaten, Büsche und Wiesen bunt vorüberfliegend, über mir unzählige Lerchen in der klaren blauen Luft – ich schämte mich laut zu schreien, aber innerlichst jauchzte ich und strampelte und tanzte auf dem Wagentritt herum, daß ich bald meine Geige verloren hätte, die ich unterm Arme hielt. Wie aber denn die Sonne immer

höher stieg, rings am Horizont schwere weiße Mittags-
wolken aufstiegen, und alles in der Luft und auf der weiten Fläche so leer und schwül und still wurde über den
leise wogenden Kornfeldern, da fiel mir erst wieder mein
Dorf ein und mein Vater und unsere Mühle, wie es da so
heimlich kühl war an dem schattigen Weiher, und daß nun
alles so weit, weit hinter mir lag. Mir war dabei so kurios
zu Muthe, als müßt' ich wieder umkehren; ich steckte
meine Geige zwischen Rock und Weste, setzte mich voller
Gedanken auf den Wagentritt hin und schlief ein.

Als ich die Augen aufschlug, stand der Wagen still
unter hohen Lindenbäumen, hinter denen eine breite
Treppe zwischen Säulen in ein prächtiges Schloß führte.
Seitwärts durch die Bäume sah ich die Thürme von W.
Die Damen waren, wie es schien, längst ausgestiegen, die
Pferde abgespannt. Ich erschrack sehr, da ich auf einmal
so allein saß, und sprang geschwind in das Schloß hinein,
da hörte ich von oben aus dem Fenster lachen.

|7| In diesem Schlosse ging es mir wunderlich. Zuerst
wie ich mich in der weiten kühlen Vorhalle umschaue,
klopft mir Jemand mit dem Stocke auf die Schulter. Ich
kehre mich schnell herum, da steht ein großer Herr in
Staatskleidern, ein breites Bandelier von Gold und Seide
bis an die Hüften übergehängt, mit einem oben versilber-
ten Stabe in der Hand, und einer außerordentlich langen
gebognen kurfürstlichen Nase im Gesicht, breit und
prächtig wie ein aufgeblasener Puter, der mich frägt, was
ich hier will. Ich war ganz verblüfft und konnte vor
Schreck und Erstaunen nichts hervor bringen. Darauf kamen mehrere Bedienten die Treppe herauf und herunter
gerennt, die sagten gar nichts, sondern sahen mich nur von

oben bis unten an. Sodann kam eine Kammerjungfer (wie ich nachher hörte) grade auf mich los und sagte: ich wäre ein scharmanter Junge, und die gnädige Herrschaft ließe mich fragen, ob ich hier als Gärtnerbursche dienen wollte? – Ich griff nach der Weste; meine paar Groschen, weiß Gott, sie müssen beim herum tanzen auf dem Wagen aus der Tasche gesprungen seyn, waren weg, ich hatte nichts als mein Geigenspiel, für das mir überdies auch der Herr mit dem Stabe, wie er mir im Vorbeigehn sagte, nicht einen Heller geben wollte. Ich sagte daher in meiner Herzensangst zu der Kammerjungfer: Ja, noch immer die Augen von der Seite auf die unheimliche Gestalt gerichtet, die immerfort wie der Perpendickel einer Thurmuhr in der Halle auf und ab wandelte, und |8| eben wieder majestätisch und schauerlich aus dem Hintergrunde heraufgezogen kam. Zuletzt kam endlich der Gärtner, brummte was von Gesindel und Bauerlümmel unterm Bart, und führte mich nach dem Garten, während er mir unterwegs noch eine lange Predigt hielt: wie ich nur fein nüchtern und arbeitsam seyn, nicht in der Welt herumvagieren, keine brodtlosen Künste und unnützes Zeug treiben solle, da könnt ich es mit der Zeit auch einmal zu was Rechtem bringen. – Es waren noch mehr sehr hübsche, gutgesetzte, nützliche Lehren, ich habe nur seitdem fast alles wieder vergessen. Ueberhaupt weiß ich eigentlich gar nicht recht, wie doch alles so gekommen war, ich sagte nur immerfort zu allem: Ja, – denn mir war wie einem Vogel, dem die Flügel begossen worden sind. – So war ich denn, Gott sey Dank, im Brodte. –

In dem Garten war schön leben, ich hatte täglich mein warmes Essen vollauf, und mehr Geld als ich zu Weine

brauchte, nur hatte ich leider ziemlich viel zu thun. Auch
die Tempel, Lauben und schönen grünen Gänge, das gefiel mir alles recht gut, wenn ich nur hätte ruhig drinn
herumspazieren können und vernünftig diskuriren, wie
die Herren und Damen, die alle Tage dahin kamen. So oft
der Gärtner fort und ich allein war, zog ich sogleich mein
kurzes Tabackspfeifchen heraus, setzte mich hin, und sann
auf schöne höfliche Redensarten, wie ich die eine junge
schöne Dame, die mich in das Schloß mitbrachte, unter-
halten wollte, wenn ich ein Kavalier wäre und mit ihr hier
|9| herumginge. Oder ich legte mich an schwülen Nach-
mittagen auf den Rücken hin, wenn alles so still war, daß
man nur die Bienen sumsen hörte, und sah zu wie über
mir die Wolken nach meinem Dorfe zuflogen und die
Gräser und Blumen sich hin und her bewegten, und ge-
dachte an die Dame, und da geschah es denn oft, daß die
schöne Frau mit der Guitarre oder einem Buche in der
Ferne wirklich durch den Garten zog, so still, groß und
freundlich wie ein Engelsbild, so daß ich nicht recht wußte, ob ich träumte oder wachte.

So sang ich auch einmal, wie ich eben bei einem Lusthause zur Arbeit vorbey ging, für mich hin:

    Wohin ich geh' und schaue,
    In Feld und Wald und Thal
    Vom Berg' in's Himmelsblaue,
    Viel schöne gnäd'ge Fraue,
    Grüß' ich Dich tausendmal.

Da seh' ich aus dem dunkelkühlen Lusthause zwischen
den halbgeöffneten Jalousien und Blumen, die dort

standen, zwei schöne junge frische Augen hervorfunkeln.
Ich war ganz erschrocken, ich sang das Lied nicht aus,
sondern ging, ohne mich umzusehen, fort an die Arbeit.

Abends, es war grade an einem Sonnabend, und ich
stand eben in der Vorfreude kommenden Sonntags mit der
Geige im Gartenhause am Fenster und dachte noch an die
funkelnden Augen, da kommt auf einmal die Kammer-
jungfer durch die Dämmerung dahergestri|10|chen. „Da
schickt Euch die vielschöne gnädige Frau was, das sollt Ihr
auf ihre Gesundheit trinken. Eine gute Nacht auch!" Damit
setzte sie mir fix eine Flasche Wein auf's Fenster und war
sogleich wieder zwischen den Blumen und Hecken verschwunden, wie eine Eidechse.

Ich aber stand noch lange vor der wundersamen Flasche, und wußte nicht wie mir geschehen war. – Und
hatte ich vorher lustig die Geige gestrichen, so spielt' und
sang ich jetzt erst recht, und sang das Lied von der schönen
Frau ganz aus und alle meine Lieder, die ich nur wußte,
bis alle Nachtigallen draußen erwachten und Mond und
Sterne schon lange über dem Garten standen. Ja, das war
einmal eine gute schöne Nacht!

Es wird keinem an der Wiege gesungen, was künftig
aus ihm wird, eine blinde Henne find't manchmal auch ein
Korn, wer zuletzt lacht, lacht am besten, unverhofft
kommt oft, der Mensch denkt und Gott lenkt, so meditirt'
ich, als ich am folgenden Tage wieder mit meiner Pfeife
im Garten saß und es mir dabei, da ich so aufmerksam an
mir herunter sah, fast vorkommen wollte, als wäre ich doch
eigentlich ein rechter Lump. – Ich stand nunmehr, ganz
wider meine sonstige Gewohnheit, alle Tage sehr zeitig
auf, eh' sich noch der Gärtner und die andern Arbeiter

rührten. Da war es so wunderschön draußen im Garten. Die Blumen, die Springbrunnen, die Rosenbüsche und der ganze Garten funkelten von der Morgensonne wie lauter Gold und Edelstein. Und in den hohen Buchen-|11|Alleen, da war es noch so still, kühl und andächtig wie in einer Kirche, nur die Vögel flatterten und pickten auf dem Sande. Gleich vor dem Schlosse, grade unter den Fenstern, wo die schöne Frau wohnte, war ein blühender Strauch. Dorthin ging ich dann immer am frühesten Morgen und duckte mich hinter die Aeste, um so nach den Fenstern zu sehen, denn mich im Freien zu produziren hatt' ich keine Kourage. Da sah ich nun allemal die allerschönste Dame noch heiß und halb verschlafen im schneeweißen Kleide an das offne Fenster hervortreten. Bald flocht sie sich die dunkelbraunen Haare und ließ dabei die anmutig spielenden Augen über Busch und Garten ergehen, bald bog und band sie die Blumen, die vor ihrem Fenster standen, oder sie nahm auch die Guitarre in den weißen Arm und sang dazu so wundersam über den Garten hinaus, daß sich mir noch das Herz umwenden will vor Wehmuth, wenn mir eins von den Liedern bisweilen einfällt – und ach das alles ist schon lange her!

So dauerte das wohl über eine Woche. Aber das einemal, sie stand grade wieder am Fenster und alles war stille rings umher, fliegt mir eine fatale Fliege in die Nase und ich gebe mich an ein erschreckliches Niesen, das gar nicht enden will. Sie legt sich weit zum Fenster hinaus und sieht mich Aermsten hinter dem Strauche lauschen. – Nun schämte ich mich und kam viele Tage nicht hin.

Endlich wagte ich es wieder, aber das Fenster blieb diesmal zu, ich saß vier, fünf, sechs Morgen hinter |12| dem

Strauche, aber sie kam nicht wieder an's Fenster. Da
wurde mir die Zeit lang, ich faßte ein Herz und ging nun
alle Morgen frank und frei längs dem Schlosse unter allen
Fenstern hin. Aber die liebe schöne Frau blieb immer und
immer aus. Eine Strecke weiter sah ich dann immer die
andere Dame am Fenster stehn. Ich hatte sie sonst so
genau noch niemals gesehen. Sie war wahrhaftig recht
schön roth und dick und gar prächtig und hoffärtig an-
zusehn, wie eine Tulipane. Ich machte ihr immer ein tie-
fes Kompliment, und, ich kann nicht anders sagen, sie
dankte mir jedesmal und nickte und blinzelte mit den
Augen dazu ganz außerordentlich höflich. – Nur ein
einzigesmal glaub' ich gesehn zu haben, daß auch die
Schöne an ihrem Fenster hinter der Gardine stand und
versteckt hervor guckte. –

Viele Tage gingen jedoch ins Land, ohne daß ich sie
sah. Sie kam nicht mehr in den Garten, sie kam nicht
mehr an's Fenster. Der Gärtner schalt mich einen faulen
Bengel, ich war verdrüßlich, meine eigne Nasenspitze war
mir im Wege, wenn ich in Gottes freie Welt hinaus sah.

So lag ich eines Sonntags Nachmittag im Garten und
ärgerte mich, wie ich so in die blauen Wolken meiner
Tabackspfeife hinaussah, daß ich mich nicht auf ein anderes Handwerk gelegt, und mich also morgen nicht auch
wenigstens auf einen blauen Montag zu freuen hätte. Die
andern Bursche waren indeß alle wohlausstaffirt nach den
Tanzböden in der nahen Vor|13|stadt hinausgezogen. Da
wallte und wogte alles im Sonntagsputze in der warmen
Luft zwischen den lichten Häusern und wandernden
Leierkasten schwärmend hin und zurück. Ich aber saß wie
ein Rohrdommel im Schilfe eines einsamen Weihers im

Garten und schaukelte mich auf dem Kahne, der dort angebunden war, während die Vesperglocken aus der Stadt
über den Garten herüberschallten und die Schwäne auf
dem Wasser langsam neben mir hin und her zogen. Mir
war zum Sterben bange. –

Während deß hörte ich von weitem allerlei Stimmen,
lustiges Durcheinandersprechen und Lachen, immer näher
und näher, dann schimmerten roth' und weiße Tücher,
Hüte und Federn durch's Grüne, auf einmal kommt ein
heller lichter Haufen von jungen Herren und Damen vom
Schlosse über die Wiese auf mich los, meine beide Damen
mitten unter ihnen. Ich stand auf und wollte weggehen, da
erblickte mich die ältere von den schönen Damen. „Ey, das
ist ja wie gerufen," rief sie mir mit lachendem Munde zu,
„fahr' Er uns doch an das jenseitige Ufer über den Teich!"
Die Damen stiegen nun eine nach der andern vorsichtig
und furchtsam in den Kahn, die Herren halfen ihnen dabei
und machten sich ein wenig groß mit ihrer Kühnheit auf
dem Wasser. Als sich darauf die Frauen alle auf die Seiten-
bänke gelagert hatten, stieß ich vom Ufer. Einer von den
jungen Herren, der ganz vorn stand, fing unmerklich an
zu schaukeln. Da wandten sich die Damen furchtsam hin
und her, einige schrien |14| gar. Die schöne Frau welche
eine Lilie in der Hand hielt, saß dicht am Bord des Schiff-
leins und sah stilllächelnd in die klaren Wellen hinunter,
die sie mit der Lilie berührte, so daß ihr ganzes Bild
zwischen den wiederscheinenden Wolken und Bäumen
im Wasser noch einmal zu sehen war, wie ein Engel, der
leise durch den tiefen blauen Himmelsgrund zieht.

Wie ich noch so auf sie hinsehe, fällt's auf einmal der
andern lustigen Dicken von meinen zwei Damen ein, ich

sollte ihr während der Fahrt Eins singen. Geschwind dreht sich ein sehr zierlicher junger Herr mit einer Brille auf der Nase, der neben ihr saß, zu ihr herum, küßt ihr sanft die Hand und sagt: „Ich danke Ihnen für den sinnigen Einfall! ein Volkslied, *gesungen* vom Volk in freiem Feld und Wald, ist ein Alpenröslein auf der Alpe selbst, – die Wunderhörner sind nur Herbarien, – ist die Seele der National-Seele." Ich aber sagte, ich wisse nichts zu singen, was für solche Herrschaften schön genug wäre. Da sagte die schnippische Kammerjungfer, die mit einem Korbe voll Tassen und Flaschen hart neben mir stand und die ich bis jetzt noch gar nicht bemerkt hatte: „Weiß Er doch ein recht hübsches Liedchen von einer vielschönen Fraue." – „Ja, ja, das sing Er nur recht dreist weg," rief darauf sogleich die Dame wieder. Ich wurde über und über roth. – Indem blickte auch die schöne Frau auf einmal vom Wasser auf, und sah mich an, daß es mir durch Leib und Seele ging. Da be|15|sann ich mich nicht lange, faßt' ein Herz, und sang so recht aus voller Brust und Lust:

Wohin ich geh' und schaue,
In Feld und Wald und Thal
Vom Berg' hinab in die Aue:
Viel schöne, hohe Fraue,
Grüß ich Dich tausendmal.

In meinem Garten find' ich
Viel Blumen, schön und fein,
Viel Kränze wohl d'raus wind' ich
Und tausend Gedanken bind' ich
Und Grüße mit darein.

Ihr darf ich keinen reichen,
Sie ist zu hoch und schön,
Die müssen alle verbleichen,
Die Liebe nur ohne Gleichen
5   Bleibt ewig im Herzen stehn.

Ich schein' wohl froher Dinge
Und schaffe auf und ab,
Und, ob das Herz zerspringe,
10   Ich grabe fort und singe
Und grab' mir bald mein Grab.

Wir stießen ans Land, die Herrschaften stiegen alle aus,
viele von den jungen Herren hatten mich, ich bemerkt' es
15   wohl, während ich sang mit listigen Mienen und Flüstern
verspottet vor den Damen. Der Herr mit der Brille faßte
mich im Weggehen bey der Hand und sagte mir, ich weiß
selbst nicht mehr was, die ältere von meinen Damen sah
mich sehr freundlich an. Die schöne Frau hatte während
20   meines ganzen Liedes |16| die Augen niedergeschlagen und
ging nun auch fort und sagte gar nichts. – Mir aber standen
die Thränen in den Augen schon wie ich noch sang, das
Herz wollte mir zerspringen von dem Liede vor Schaam
und vor Schmerz, es fiel mir jetzt auf einmal alles recht ein,
25   wie *Sie* so schön ist und ich so arm bin und verspottet und
verlassen von der Welt, – und als sie alle hinter den Büschen
verschwunden waren, da konnt' ich mich nicht länger halten, ich warf mich in das Gras hin und weinte bitterlich.

30

—————

Zweites Kapitel.

Dicht am herrschaftlichen Garten ging die Landstraße vorüber, nur durch eine hohe Mauer von derselben geschieden. Ein gar sauberes Zollhäuschen mit rothem Ziegeldache war da erbaut, und hinter demselben ein kleines buntumzäuntes Blumengärtchen, das durch eine Lücke in der Mauer des Schloßgartens hindurch an den schattigsten und verborgensten Theil des letzteren stieß. Dort war eben der Zolleinnehmer gestorben, der das alles sonst bewohnte. Da kam des einen Morgens frühzeitig, da ich noch im tiefsten Schlafe lag, der Schreiber vom Schlosse zu mir und rief mich schleunigst zum Herrn Amtmann. Ich zog mich geschwind an und schlenderte hinter dem luftigen Schreiber her, der unterwegs bald da bald dort eine Blume abbrach und vorn an den Rock steckte, bald mit |17| seinem Spazierstöckchen künstlich in der Luft herumfocht und allerlei zu mir in den Wind hineinparlirte, wovon ich aber nichts verstand, weil mir die Augen und Ohren noch voller Schlaf lagen. Als ich in die Kanzlei trat, wo es noch gar nicht recht Tag war, sah der Amtmann hinter einem ungeheuren Dintenfasse und Stößen von Papier und Büchern und einer ansehnlichen Perücke, wie die Eule aus ihrem Nest, auf mich und hob an: „Wie heißt Er? Woher ist Er? Kann Er schreiben, lesen und rechnen?" Da ich das bejahte, versetzte er: „Na, die gnädige Herrschaft hat Ihm, in Betrachtung Seiner guten

Aufführung und besondern Meriten, die ledige Einneh-
mer-Stelle zugedacht." – Ich überdachte in der Geschwindigkeit für mich meine bisherige Aufführung und Manie-
ren, und ich mußte gestehen, ich fand am Ende selber, daß
der Amtmann Recht hatte. – Und so war ich denn wirklich Zolleinnehmer, ehe ich mich's versah.

Ich bezog nun sogleich meine neue Wohnung und war
in kurzer Zeit eingerichtet. Ich hatte noch mehrere Ge-
räthschaften gefunden, die der selige Einnehmer seinem
Nachfolger hinterlassen, unter andern einen prächtigen
rothen Schlafrock mit gelben Punkten, grüne Pantoffeln,
eine Schlafmütze und einige Pfeifen mit langen Röhren.
Das alles hatte ich mir schon einmal gewünscht als ich
noch zu Hause war, wo ich immer unsern Pfarrer so
kommode herumgehen sah. Den ganzen Tag, (zu thun
hatte ich weiter nichts) saß ich daher auf dem Bänkchen
vor meinem Hause |18| in Schlafrock und Schlafmütze,
rauchte Taback aus dem längsten Rohre, das ich nach dem
seligen Einnehmer gefunden hatte, und sah zu, wie die
Leute auf der Landstraße hin- und hergingen, fuhren und
ritten. Ich wünschte nur immer, daß auch einmal ein paar
Leute aus meinem Dorfe, die immer sagten, aus mir
würde mein Lebtage nichts, hier vorüber kommen und
mich so sehen möchten. – Der Schlafrock stand mir schön
zu Gesichte, und überhaupt das alles behagte mir sehr gut.
So saß ich denn da und dachte mir mancherlei hin und
her, wie aller Anfang schwer ist, wie das vornehmere
Leben doch eigentlich recht kommode sei, und faßte
heimlich den Entschluß, nunmehr alles Reisen zu lassen,
auch Geld zu sparen wie die andern, und es mit der Zeit
gewiß zu etwas Großem in der Welt zu bringen. Inzwi-

schen vergaß ich über meinen Entschlüssen, Sorgen und
Geschäften die allerschönste Frau keineswegs.

Die Kartoffeln und anderes Gemüse, das ich in meinem kleinen Gärtchen fand, warf ich hinaus und bebau-
te es ganz mit den auserlesensten Blumen, worüber mich
der Portier vom Schlosse mit der großen kurfürstlichen
Nase, der, seitdem ich hier wohnte, oft zu mir kam und
mein intimer Freund geworden war, bedenklich von der
Seite ansah, und mich für einen hielt, den sein plötzliches
Glück verrückt gemacht hätte. Ich aber ließ mich das nicht
anfechten. Denn nicht weit von mir im herrschaftlichen
Garten hörte ich feine Stimmen sprechen, unter denen
ich die mei|19|ner schönen Frau zu erkennen meinte,
obgleich ich wegen des dichten Gebüsches Niemand
sehen konnte. Da band ich denn alle Tage einen Strauß
von den schönsten Blumen die ich hatte, stieg jeden
Abend, wenn es dunkel wurde, über die Mauer und legte
ihn auf einen steinernen Tisch hin, der dort inmitten einer
Laube stand; und jeden Abend wenn ich den neuen
Strauß brachte, war der alte von dem Tische fort.

Eines Abends war die Herrschaft auf die Jagd geritten;
die Sonne ging eben unter und bedeckte das ganze Land
mit Glanz und Schimmer, die Donau schlängelte sich
prächtig wie von lauter Gold und Feuer in die weite Ferne, von allen Bergen bis tief ins Land hinein sangen und
jauchzten die Winzer. Ich saß mit dem Portier auf dem
Bänkchen vor meinem Hause, und freute mich in der
lauen Luft, und wie der lustige Tag so langsam vor uns
verdunkelte und verhallte. Da ließen sich auf einmal die
Hörner der zurückkehrenden Jäger von Ferne vernehmen, die von den Bergen gegenüber einander von Zeit zu

Zeit lieblich Antwort gaben. Ich war recht im innersten
Herzen vergnügt und sprang auf und rief wie bezaubert
und verzückt vor Lust: „Nein, das ist mir doch ein Metier,
die edle Jägerei!" Der Portier aber klopfte sich ruhig die
Pfeife aus und sagte: „Das denkt Ihr Euch just so. Ich habe
es auch mitgemacht, man verdient sich kaum die Sohlen,
die man sich abläuft; und Husten und Schnupfen wird
man erst gar nicht los, das kommt von den ewig nassen
Füßen." – Ich weiß |20| nicht, mich packte da ein närri-
scher Zorn, daß ich ordentlich am ganzen Leibe zitterte.
Mir war auf einmal der ganze Kerl mit seinem langweili-
gen Mantel, die ewigen Füße, sein Tabacksschnupfen, die
große Nase und alles abscheulich. – Ich faßte ihn, wie
außer mir, bei der Brust und sagte: „Portier, jetzt schert
Ihr Euch nach Hause, oder ich prügle Euch hier sogleich
durch!" Den Portier überfiel bei diesen Worten seine alte
Meinung, ich wäre verrückt geworden. Er sah mich bedenklich und mit heimlicher Furcht an, machte sich, ohne
ein Wort zu sprechen, von mir los und ging, immer noch
unheimlich nach mir zurück blickend, mit langen Schritten nach dem Schlosse, wo er athemlos aussagte, ich sei
nun wirklich rasend geworden.

Ich aber mußte am Ende laut auflachen und war
herzlich froh, den superklugen Gesellen los zu seyn, denn
es war grade die Zeit, wo ich den Blumenstrauß immer
in die Laube zu legen pflegte. Ich sprang auch heute
schnell über die Mauer und ging eben auf das steinerne
Tischchen los, als ich in einiger Entfernung Pferdetritte
vernahm. Entspringen konnt' ich nicht mehr, denn schon
kam meine schöne gnädige Frau selber, in einem grünen
Jagdhabit und mit nickenden Federn auf dem Hute, lang-

sam und wie es schien in tiefen Gedanken die Allee herab-
geritten. Es war mir nicht anders zu Muthe, als da ich sonst
in den alten Büchern bei meinem Vater von der schönen
Magelone gelesen, wie sie so zwischen den immer näher
schallen|21|den Waldhornsklängen und wechselnden
Abendlichtern unter den hohen Bäumen hervor kam, –
ich konnte nicht vom Fleck. Sie aber erschrack heftig, als
sie mich auf einmal gewahr wurde, und hielt fast unwill-
kührlich still. Ich war wie betrunken vor Angst, Herz-
klopfen und großer Freude, und da ich bemerkte, daß sie
wirklich meinen Blumenstrauß von gestern an der Brust
hatte, konnte ich mich nicht länger halten, sondern sagte
ganz verwirrt: „Schönste gnädige Frau, nehmt auch noch
diesen Blumenstrauß von mir, und alle Blumen aus meinem Garten und alles was ich habe. Ach könnt' ich nur
für Euch in's Feuer springen! " – Sie hatte mich gleich
anfangs so ernsthaft und fast böse angeblickt, daß es mir
durch Mark und Bein ging, dann aber hielt sie, so lange
ich redete, die Augen tief niedergeschlagen. So eben ließen sich einige Reuter und Stimmen im Gebüsch hören.
Da ergriff sie schnell den Strauß aus meiner Hand und
war bald, ohne ein Wort zu sagen, am andern Ende des
Bogenganges verschwunden.

Seit diesem Abend hatte ich weder Ruh' noch Rast
mehr. Es war mir beständig zu Muthe wie sonst immer,
wenn der Frühling anfangen sollte, so unruhig und fröhlich, ohne daß ich wußte warum, als stünde mir ein großes
Glück oder sonst etwas Außerordentliches bevor. Besonders das fatale Rechnen wollte mir nun erst gar nicht mehr
von der Hand, und ich hatte, wenn der Sonnenschein
durch den Kastanienbaum vor dem Fenster grüngolden

auf die Ziffern fiel, und so fix |22| vom Transport bis zum
Latus und wieder hinauf und hinab addirte, gar seltsame
Gedanken dabei, so daß ich manchmal ganz verwirrt
wurde, und wahrhaftig nicht bis drei zählen konnte. Denn
die acht kam mir immer vor wie meine dicke enggeschnürte Dame mit dem breiten Kopfputz, die böse
sieben war gar wie ein ewig rückwärts zeigender Wegweiser oder Galgen. – Am meisten Spaß machte mir noch
die neun, die sich mir so oft, eh' ich mich's versah, lustig
als sechs auf den Kopf stellte, während die zwei wie ein
Fragezeichen so pfiffig drein sah, als wollte sie mich
fragen: Wo soll das am Ende noch hinaus mit Dir, Du
arme Null? Ohne *Sie,* diese schlanke Eins und Alles,
bleibst Du doch ewig Nichts!

Auch das Sitzen draußen vor der Thür wollte mir nicht
mehr behagen[.] Ich nahm mir, um es kommoder zu
haben, einen Schemel mit heraus und streckte die Füße
darauf, ich flickte ein altes Parasol vom Einnehmer, und
steckte es gegen die Sonne wie ein chinesisches Lusthaus
über mich. Aber es half nichts. Es schien mir, wie ich so
saß und rauchte und spekulirte, als würden mir allmählig
die Beine immer länger vor Langerweile, und die Nase
wüchse mir vom Nichtsthun, wenn ich so stundenlang an
ihr herunter sah. – Und wenn denn manchmal noch vor
Tagesanbruch eine Extrapost vorbei kam, und ich trat halb
verschlafen in die kühle Luft hinaus, und ein niedliches
Gesichtchen, von dem man in der Dämmerung nur die
funkelnden Augen sah, bog sich neugierig zum Wagen
hervor und |23| bot mir freundlich einen guten Morgen,
in den Dörfern aber ringsumher krähten die Hähne so
frisch über die leisewogenden Kornfelder herüber, und

zwischen den Morgenstreifen hoch am Himmel schweif-
ten schon einzelne zu früh erwachte Lerchen, und der
Postillon nahm dann sein Posthorn und fuhr weiter und
blies und blies – da stand ich lange und sah dem Wagen
nach, und es war mir nicht anders, als müßt' ich nur
sogleich mit fort, weit, weit in die Welt. –

Meine Blumensträuße legte ich indeß immer noch,
sobald die Sonne unterging, auf den steinernen Tisch in
der dunkeln Laube. Aber das war es eben: damit war es
nun aus seit jenem Abend. – Kein Mensch kümmerte sich
darum: so oft ich des Morgens frühzeitig nachsah, lagen
die Blumen noch immer da wie gestern, und sahen mich
mit ihren verwelkten, niederhängenden Köpfchen und
darauf stehenden Thautropfen ordentlich betrübt an, als
ob sie weinten. – Das verdroß mich sehr. Ich band gar
keinen Strauß mehr. In meinem Garten mochte nun auch
das Unkraut treiben wie es wollte, und die Blumen ließ
ich ruhig stehn und wachsen bis der Wind die Blätter
verwehte. War mir's doch eben so wild und bunt und
verstört im Herzen.

In diesen kritischen Zeitläuften geschah es denn, daß
einmal, als ich eben zu Hause im Fenster liege und verdrüßlich in die leere Luft hinaus sehe, die Kammerjungfer vom Schlosse über die Straße daher getrippelt kommt.
Sie lenkte, da sie mich erblickte, |24| schnell zu mir ein
und blieb am Fenster stehen. – „Der gnädige Herr ist
gestern von seiner Reise zurückgekommen," sagte sie
eilfertig. „So?" entgegnete ich verwundert – denn ich hatte
mich schon seit einigen Wochen um nichts bekümmert,
und wußte nicht einmal, daß der Herr auf Reisen war, –
„da wird seine Tochter, die junge gnädige Frau, auch große

Freude gehabt haben." – Die Kammerjungfer sah mich
kurios von oben bis unten an, so daß ich mich ordentlich
selber besinnen mußte, ob ich was Dummes gesagt hätte.
– „Er weiß aber auch gar nichts," sagte sie endlich und
rümpfte das kleine Näschen. „Nun," fuhr sie fort, „es soll
heute abend dem Herrn zu Ehren Tanz im Schlosse seyn
und Maskerade. Meine gnädige Frau wird auch maskiert
seyn, als Gärtnerin – versteht er auch recht – als Gärtnerin. Nun hat die gnädige Frau gesehen, daß er besonders
schöne Blumen hat in seinem Garten." – Das ist seltsam,
dachte ich bei·mir selbst, man sieht doch jetzt fast keine
Blumen mehr vor Unkraut. – Sie aber fuhr fort: „Da nun
die gnädige Frau schöne Blumen zu ihrem Anzuge
braucht, aber ganz frische, die eben vom Beete kommen,
so soll Er ihr welche bringen und heute Abend, wenns
dunkel geworden ist, damit unter dem großen Birnbaum
im Schloßgarten warten, da wird sie dann kommen und
die Blumen abholen."

Ich war ganz verblüfft vor Freude über diese Nach-
richt, und lief in meiner Entzückung vom Fenster zu der
Kammerjungfer hinaus. –

|25| „Pfui, der garstige Schlafrock!" rief diese aus, da sie
mich auf einmal so in meinem Aufzuge im Freien sah. Das
ärgerte mich, ich wollte auch nicht dahinter bleiben in der
Galanterie, und machte einige artige Kapriolen, um sie zu
erhaschen und zu küssen. Aber unglücklicher Weise
verwickelte sich mir dabei der Schlafrock, der mir viel zu
lang war, unter den Füßen, und ich fiel der Länge nach auf
die Erde. Als ich mich wieder zusammen raffte, war die
Kammerjungfer schon weit fort, und ich hörte sie noch
von Ferne lachen, daß sie sich die Seiten halten mußte.

Nun aber hatt' ich was zu sinnen und mich zu freuen. *Sie* dachte ja noch immer an mich und meine Blumen! Ich ging in mein Gärtchen und riß hastig alles Unkraut von den Beeten, und warf es hoch über meinen Kopf weg in die schimmernde Luft, als zög' ich alle Uebel und Melancholie mit der Wurzel heraus. Die Rosen waren nun wieder wie *ihr* Mund, die himmelblauen Winden wie ihre Augen, die schneeweiße Lilie mit ihrem schwermüthig gesenkten Köpfchen sah ganz aus wie *Sie.* Ich legte alle sorgfältig in einem Körbchen zusammen. Es war ein stiller schöner Abend und kein Wölkchen am Himmel. Einzelne Sterne traten schon am Firmamente hervor, von weitem rauschte die Donau über die Felder herüber, in den hohen Bäumen im herrschaftlichen Garten neben mir sangen unzählige Vögel lustig durcheinander. Ach, ich war so glücklich!

Als endlich die Nacht hereinbrach, nahm ich mein |26| Körbchen an den Arm und machte mich auf den Weg nach dem großen Garten. In dem Körbchen lag alles so bunt und anmuthig durcheinander, weiß, roth, blau und duftig, daß mir ordentlich das Herz lachte, wenn ich hinein sah.

Ich ging voller fröhlicher Gedanken bei dem schönen Mondschein durch die stillen, reinlich mit Sand bestreuten Gänge über die kleinen weißen Brücken, unter denen die Schwäne eingeschlafen auf dem Wasser saßen, an den zierlichen Lauben und Lusthäusern vorüber. Den großen Birnbaum hatte ich gar bald aufgefunden, denn es war derselbe, unter dem ich sonst, als ich noch Gärtnerbursche war, an schwülen Nachmittagen gelegen.

Hier war es so einsam dunkel. Nur eine hohe Espe

zitterte und flüsterte mit ihren silbernen Blättern in einem
fort. Vom Schlosse schallte manchmal die Tanzmusik herüber. Auch Menschenstimmen hörte ich zuweilen im
Garten, die kamen oft ganz nahe an mich heran, dann
wurde es auf einmal wieder ganz still.

Mir klopfte das Herz. Es war mir schauerlich und
seltsam zu Muthe, als wenn ich jemanden bestehlen wollte. Ich stand lange Zeit stockstill an den Baum gelehnt und
lauschte nach allen Seiten, da aber immer Niemand kam,
konnt' ich es nicht länger aushalten. Ich hing mein Körbchen an den Arm und kletterte schnell auf den Birnbaum
hinauf, um wieder im Freien Luft zu schöpfen.

|27| Da droben schallte mir die Tanzmusik erst recht
über die Wipfel entgegen. Ich übersah den ganzen Garten
und grade in die hellerleuchteten Fenster des Schlosses
hinein. Dort drehten sich die Kronleuchter langsam wie
Kränze von Sternen, unzählige geputzte Herren und
Damen, wie in einem Schattenspiele, wogten und walzten
und wirrten da bunt und unkenntlich durcheinander,
manchmal legten sich welche ins Fenster und sahen hinunter in den Garten. Draußen vor dem Schlosse aber
waren der Rasen, die Sträucher und die Bäume von den
vielen Lichtern aus dem Saale wie vergoldet, so daß
ordentlich die Blumen und die Vögel aufzuwachen schienen. Weiterhin um mich herum und hinter mir lag der
Garten so schwarz und still.

Da tanzt *Sie* nun, dacht' ich in dem Baume droben bei
mir selber, und hat gewiß lange wieder Dich und Deine
Blumen vergessen. Alles ist so fröhlich, um Dich kümmert
sich kein Mensch. – Und so geht es mir überall und
immer. Jeder hat sein Plätzchen auf der Erde ausgesteckt,

hat seinen warmen Ofen, seine Tasse Kaffee, seine Frau,
sein Glas Wein zu Abend, und ist so recht zufrieden; selbst
dem Portier ist ganz wohl in seiner langen Haut. – Mir
ist's nirgends recht. Es ist, als wäre ich überall eben zu spät
gekommen, als hätte die ganze Welt gar nicht auf mich
gerechnet. –

Wie ich eben so philosophire, höre ich auf einmal
unten im Grase etwas einherrascheln. Zwei feine Stimmen sprachen ganz nahe und leise miteinander. Bald
darauf |28| bogen sich die Zweige in dem Gesträuch aus-
einander, und die Kammerjungfer steckte ihr kleines
Gesichtchen, sich nach allen Seiten umsehend, zwischen
der Laube hindurch. Der Mondschein funkelte recht auf
ihren pfiffigen Augen, wie sie hervorguckten. Ich hielt
den Athem an mich und blickte unverwandt hinunter. Es
dauerte auch nicht lange, so trat wirklich die Gärtnerin,
ganz so wie mir sie die Kammerjungfer gestern beschrieben hatte, zwischen den Bäumen heraus. Mein Herz
klopfte mir zum zerspringen. Sie aber hatte eine Larve vor
und sah sich, wie mir schien, verwundert auf dem Platze
um. – Da wollt's mir vorkommen, als wäre sie gar nicht
recht schlank und niedlich. – Endlich trat sie ganz nahe an
den Baum und nahm die Larve ab. – Es war wahrhaftig
die andere ältere gnädige Frau!

Wie froh war ich nun, als ich mich vom ersten Schreck
erholt hatte, daß ich mich hier oben in Sicherheit befand.
Wie in aller Welt, dachte ich, kommt *die* nur jetzt hierher?
wenn nun die liebe schöne gnädige Frau die Blumen
abholt, – das wird eine schöne Geschichte werden! Ich
hätte am Ende weinen mögen vor Aerger über den ganzen Spektakel.

Indem hub die verkappte Gärtnerin unten an: „Es ist
so stickend heiß droben im Saale, ich mußte mich ein
wenig abkühlen gehen in der freien schönen Natur."
Dabei fächelte sie sich mit der Larve in einem fort und
blies die Luft von sich. Bei dem hellen Mondschein konnt'
ich deutlich erkennen, wie ihr die |29| Flechsen am Halse
ordentlich aufgeschwollen waren; sie sah ganz erboßt aus
und ziegelroth im Gesichte. Die Kammerjungfer suchte
unterdeß hinter allen Hecken herum, als hätte sie eine
Stecknadel verloren. –

„Ich brauche so nothwendig noch frische Blumen zu
meiner Maske," fuhr die Gärtnerin von neuem fort, „wo
er auch stecken mag!" – Die Kammerjungfer suchte und
kicherte dabei immer fort heimlich in sich selbst hinein. –
„Sagtest Du was, Rosette?" fragte die Gärtnerin spitzig. –
„Ich sage was ich immer gesagt habe," erwiederte die
Kammerjungfer und machte ein ganz ernsthaftes treuher-
ziges Gesicht, „der ganze Einnehmer ist und bleibt ein
Lümmel, er liegt gewiß irgendwo hinter einem Strauche
und schläft."

Mir zuckte es in allen meinen Gliedern, herunter zu
springen und meine Reputation zu retten – da hörte man
auf einmal ein großes Paucken und Musiziren und Lärmen vom Schlosse her.

Nun hielt sich die Gärtnerin nicht länger. „Da bringen
die Menschen," fuhr sie verdrüßlich auf, „dem Herrn das
Vivat. Komm, man wird uns vermissen!" – Und hiermit
steckte sie die Larve schnell vor und ging wüthend mit
der Kammerjungfer nach dem Schlosse zu fort. Die
Bäume und Sträucher wiesen kurios, wie mit langen
Nasen und Fingern hinter ihr drein, der Mondschein

tanzte noch fix, wie über eine Klaviatur, über ihre breite Taille auf und nieder, und so nahm sie, so recht wie ich auf dem Theater manchmal |30| die Sängerinnen gesehn, unter Trompeten und Pauken schnell ihren Abzug.

Ich aber wußte in meinem Baume droben eigentlich gar nicht recht, wie mir geschehen, und richtete nunmehr meine Augen unverwandt auf das Schloß hin; denn ein Kreis hoher Windlichter unten an den Stufen des Einganges warf dort einen seltsamen Schein über die blitzenden Fenster und weit in den Garten hinein. Es war die Dienerschaft, die so eben ihrer jungen Herrschaft ein Ständchen brachte. Mitten unter ihnen stand der prächtig aufgeputzte Portier wie ein Staatsminister, vor einem Notenpulte, und arbeitete sich emsig an einem Fagot ab.

Wie ich mich so eben zurecht setzte, um der schönen Serenade zuzuhören, gingen auf einmal oben auf dem Balkon des Schlosses die Flügelthüren auf. Ein hoher Herr, schön und stattlich in Uniform und mit vielen funkelnden Sternen, trat auf den Balkon heraus, und an seiner Hand – die schöne junge gnädige Frau, in ganz weißem Kleide, wie eine Lilie in der Nacht, oder wie wenn der Mond über das klare Firmament zöge.

Ich konnte keinen Blick von dem Platze verwenden, und Garten, Bäume und Felder gingen unter vor meinen Sinnen, wie sie so wundersam beleuchtet von den Fackeln, hoch und schlank da stand, und bald anmuthig mit dem schönen Offizier sprach, bald wieder freundlich zu den Musikanten herunter nickte. Die Leute unten waren außer sich vor Freude, und ich hielt |31| mich am Ende auch nicht mehr und schrie immer aus Leibeskräften Vivat mit. –

Als sie aber bald darauf wieder von dem Balkon verschwand, unten eine Fackel nach der andern verlöschte,
und die Notenpulte weggeräumt wurden, und nun der
Garten rings um her auch wieder finster wurde und
rauschte wie vorher – da merkt' ich erst alles – da fiel es
mir auf einmal auf's Herz, daß mich wohl eigentlich nur
die Tante mit den Blumen bestellt hatte, daß die Schöne
gar nicht an mich dachte und lange verheirathet ist, und
daß ich selber ein großer Narr war.

Alles das versenkte mich recht in einen Abgrund von
Nachsinnen. Ich wickelte mich, gleich einem Igel, in die
Stacheln meiner eignen Gedanken zusammen; vom
Schlosse schallte die Tanzmusik nur noch seltner herüber,
die Wolken wanderten einsam über den dunkeln Garten
weg. Und so saß ich auf dem Baume droben, wie die
Nachteule, in den Ruinen meines Glück's die ganze Nacht
hindurch.

Die kühle Morgenluft weckte mich endlich aus meinen Träumereien. Ich erstaunte ordentlich, wie ich so auf
einmal um mich her blickte. Musik und Tanz war lange
vorbei, im Schlosse und rings um das Schloß herum auf
dem Rasenplatze und den steinernen Stufen und Säulen
sah alles so still, kühl und feierlich aus; nur der Springbrunnen vor dem Eingange plätscherte einsam in einem
fort. Hin und her in den Zweigen neben mir erwachten
schon die Vögel, schüt|32|telten ihre bunten Federn und
sahen, die kleinen Flügel dehnend, neugierig und verwundert ihren seltsamen Schlafkameraden an. Fröhlich
schweifende Morgenstrahlen funkelten über den Garten
weg auf meine Brust.

Da richtete ich mich in meinem Baume auf, und sah

seit langer Zeit zum erstenmale wieder einmal so recht
weit in das Land hinaus, wie da schon einzelne Schiffe auf
der Donau zwischen den Weinbergen herabfuhren, und
die noch leeren Landstraßen wie Brücken über das schimmernde Land sich fern über die Berge und Thäler hinaus-
schwangen.

Ich weiß nicht wie es kam – aber mich packte da auf
einmal wieder meine ehemalige Reiselust: alle die alte
Wehmuth und Freude und große Erwartung. Mir fiel
dabei zugleich ein, wie nun die schöne Frau droben auf
dem Schlosse zwischen Blumen und unter seid'nen
Decken schlummerte, und ein Engel bei ihr auf dem
Bette säße in der Morgenstille. – Nein, rief ich aus, fort
muß ich von hier, und immer fort, so weit als der Himmel blau ist!

Und hiermit nahm ich mein Körbchen, und warf es
hoch in die Luft, so daß es recht lieblich anzusehen war,
wie die Blumen zwischen den Zweigen und auf dem
grünen Rasen unten bunt umher lagen. Dann stieg ich
selber schnell herunter und ging durch den stillen Garten
auf meine Wohnung zu. Gar oft blieb ich da noch stehen
auf manchem Plätzchen, wo ich sie |33| sonst wohl einmal
gesehen, oder im Schatten liegend an *Sie* gedacht hatte.

In und um mein Häuschen sah alles noch so aus, wie
ich es gestern verlassen hatte. Das Gärtchen war geplün-
dert und wüst, im Zimmer drin lag noch das große Rech-
nungsbuch aufgeschlagen, meine Geige, die ich schon fast
ganz vergessen hatte, hing verstaubt an der Wand. Ein
Morgenstrahl aber, aus dem gegenüberstehenden Fenster,
fuhr grade blitzend über die Saiten. Das gab einen rechten
Klang in meinem Herzen. Ja, sagt' ich, komm nur her, Du

getreues Instrument! Unser Reich ist nicht von dieser
Welt! –

Und so nahm ich die Geige von der Wand, ließ Rech-
nungsbuch, Schlafrock, Pantoffeln, Pfeifen und Parasol
liegen und wanderte, arm wie ich gekommen war, aus
meinem Häuschen und auf der glänzenden Landstraße
von dannen.

Ich blickte noch oft zurück; mir war gar seltsam zu
Muthe, so traurig und doch auch wieder so überaus fröhlich, wie ein Vogel, der aus seinem Käfig ausreißt. Und als
ich schon eine weite Strecke gegangen war, nahm ich
draußen im Freien meine Geige vor und sang:

> Den lieben Gott laß ich nur walten;
> Der Bächlein, Lerchen, Wald und Feld
> Und Erd' und Himmel thut erhalten,
> Hat auch mein Sach' auf's Best' bestellt!

Das Schloß, der Garten und die Thürme von Wien waren
schon hinter mir im Morgenduft versun|34|ken, über mir
jubilirten unzählige Lerchen hoch in der Luft; so zog ich
zwischen den grünen Bergen und an lustigen Städten und
Dörfern vorbei gen Italien hinunter.

———————

DRITTES KAPITEL.

Aber das war nun schlimm! Ich hatte noch gar nicht daran gedacht, daß ich eigentlich den rechten Weg nicht wußte. Auch war rings umher kein Mensch zu sehen in der stillen Morgenstunde, den ich hätte fragen können, und nicht weit von mir theilte sich die Landstraße in viele neue Landstraßen, die gingen weit, weit über die höchsten Berge fort, als führten sie aus der Welt hinaus, so daß mir ordentlich schwindelte, wenn ich recht hinsah.

Endlich kam ein Bauer des Weges daher, der, glaub ich, nach der Kirche ging, da es heut eben Sonntag war, in einem altmodischen Ueberrocke mit großen silbernen Knöpfen und einem langen spanischen Rohr mit einem sehr massiven silbernen Stockknopf darauf, der schon von weiten in der Sonne funkelte. Ich frug ihn sogleich mit vieler Höflichkeit: „Können Sie mir nicht sagen, wo der Weg nach Italien geht?" – Der Bauer blieb stehen, sah mich an, besann sich dann mit weit vorgeschobner Unterlippe, und sah mich wieder an. Ich sagte noch einmal: „nach Italien, wo die |35| Pommeranzen wachsen." – „Ach was gehn mich seine Pommeranzen an!" sagte der Bauer da, und schritt wacker wieder weiter. Ich hätte dem Manne mehr Konduite zugetraut, denn er sah recht stattlich aus.

Was war nun zu machen? Wieder umkehren und in mein Dorf zurückgehn? Da hätten die Leute mit den

Fingern auf mich gewiesen, und die Jungen wären um
mich herumgesprungen: Ey, tausend willkommen aus der
Welt! wie sieht es denn aus in der Welt? hat er uns nicht
Pfefferkuchen mitgebracht aus der Welt? – Der Portier
mit der kurfürstlichen Nase, welcher überhaupt viele
Kenntnisse von der Weltgeschichte hatte, sagte oft zu mir:
„Werthgeschätzter Herr Einnehmer! Italien ist ein schönes Land, da sorgt der liebe Gott für alles, da kann man
sich im Sonnenschein auf den Rücken legen, so wachsen
einem die Rosinen ins Maul, und wenn einen die Taran-
tel beißt, so tanzt man mit ungemeiner Gelenkigkeit,
wenn man auch sonst nicht tanzen gelernt hat." – Nein,
nach Italien, nach Italien! rief ich voller Vergnügen aus,
und rannte, ohne an die verschiedenen Wege zu denken,
auf der Straße fort, die mir eben vor die Füße kam.

Als ich eine Strecke so fort gewandert war, sah ich
rechts von der Straße einen sehr schönen Baumgarten, wo
die Morgensonne so lustig zwischen den Stämmen und
Wipfeln hindurch schimmerte, daß es aussah, als wäre der
Rasen mit goldenen Teppichen belegt. Da ich keinen
Menschen erblickte, stieg ich über |36| den niedrigen
Gartenzaun und legte mich recht behaglich unter einem
Apfelbaum ins Gras, denn von dem gestrigen Nachtlager
auf dem Baume thaten mir noch alle Glieder weh. Da
konnte man weit in's Land hinaussehen, und da es
Sonntag war, so kamen bis aus der weitesten Ferne
Glockenklänge über die stillen Felder herüber und ge-
putzte Landleute zogen überall zwischen Wiesen und
Büschen nach der Kirche. Ich war recht fröhlich im
Herzen, die Vögel sangen über mir im Baume, ich dachte
an meine Mühle und an den Garten der schönen gnädi-

gen Frau, und wie das alles nun so weit weit lag – bis ich
zuletzt einschlummerte. Da träumte mir, als käme die
schöne Fraue aus der prächtigen Gegend unten zu mir
gegangen oder eigentlich langsam geflogen zwischen den
Glockenklängen, mit langen weißen Schleiern, die im
Morgenrothe wehten. Dann war es wieder, als wären wir
gar nicht in der Fremde, sondern bei meinem Dorfe an
der Mühle in den tiefen Schatten. Aber da war alles still
und leer, wie wenn die Leute Sonntag in der Kirche sind
und nur der Orgelklang durch die Bäume herüber
kommt, daß es mir recht im Herzen weh that. Die schöne
Frau aber war sehr gut und freundlich, sie hielt mich an
der Hand und ging mit mir, und sang in einemfort in
dieser Einsamkeit das schöne Lied, das sie damals immer
frühmorgens am offenen Fenster zur Guitarre gesungen
hat, und ich sah dabei ihr Bild in dem stillen Weiher, noch
viel tausendmal schöner, aber mit sonderbaren großen
Augen, die mich so starr ansa|37|hen, daß ich mich beinah
gefürchtet hätte. – Da fing auf einmal die Mühle, erst in
einzelnen langsamen Schlägen, dann immer schneller und
heftiger an zu gehen und zu brausen, der Weiher wurde
dunkel und kräuselte sich, die schöne Fraue wurde ganz
bleich und ihre Schleier wurden immer länger und länger
und flatterten entsetzlich in langen Spitzen, wie Nebel-
streifen, hoch am Himmel empor; das Sausen nahm immer mehr zu, oft war es, als bliese der Portier auf seinem
Fagot dazwischen, bis ich endlich mit heftigem Herzklop-
fen aufwachte.

Es hatte sich wirklich ein Wind erhoben, der leise über
mir durch den Apfelbaum ging; aber was so braußte und
rumorte, war weder die Mühle noch der Portier, sondern

derselbe Bauer, der mir vorhin den Weg nach Italien nicht
zeigen wollte. Er hatte aber seinen Sonntagsstaat ausge-
zogen und stand in einem weißen Kamisol vor mir. „Na,"
sagte er, da ich mir noch den Schlaf aus den Augen wisch-
te, „will Er etwa hier Poperenzen klauben, daß er mir das
schöne Gras so zertrampelt, anstatt in die Kirche zu gehen,
Er Faullenzer!" – Mich ärgert' es nur, daß mich der Grobi-
an aufgeweckt hatte. Ich sprang ganz erboßt auf und
versetzte geschwind: „Was, Er will mich hier ausschimp-
fen? Ich bin Gärtner gewesen, eh' Er daran dachte, und
Einnehmer, und wenn er zur Stadt gefahren wäre, hätte
Er die schmierige Schlafmütze vor mir abnehmen müssen,
und hatte mein Haus und meinen rothen Schlafrock mit
gelben Punkten." – |38| Aber der Knollfink scheerte sich
gar nichts darum, sondern stemmte beide Arme in die
Seiten und sagte bloß: „Was will Er denn? he! he!" Dabei
sah ich, daß es eigentlich ein kurzer, stämmiger, krumm-
beiniger Kerl war, und vorstehende glotzende Augen und
eine rothe etwas schiefe Nase hatte. Und wie er immer
fort nichts weiter sagte als: „he! – he!" – und dabei jedesmal einen Schritt näher auf mich zukam, da überfiel mich
auf einmal eine so kuriose grausliche Angst, daß ich mich
schnell aufmachte, über den Zaun sprang und, ohne mich
umzusehen, immer fort querfeldein lief, daß mir die
Geige in der Tasche klang.

Als ich endlich wieder still hielt um Athem zu schöpfen, war der Garten und das ganze Thal nicht mehr zu
sehen, und ich stand in einem schönen Walde. Aber ich
gab nicht viel darauf acht, denn jetzt ärgerte mich das
Spektakel erst recht, und daß der Kerl mich immer *Er*
nannte, und ich schimpfte noch lange im Stillen für mich.

In solchen Gedanken ging ich rasch fort und kam immer
mehr von der Landstraße ab, mitten in das Gebirge hinein.
Der Holzweg, auf dem ich fortgelaufen war, hörte auf und
ich hatte nur noch einen kleinen wenig betretenen Fuß-
steig vor mir. Ringsum war Niemand zu sehen und kein
Laut zu vernehmen. Sonst aber war es recht anmuthig zu
gehn, die Wipfel der Bäume rauschten und die Vögel sangen sehr schön. Ich befahl mich daher Gottes Führung, zog
meine Violine hervor und spielte alle meine lieb|39|sten
Stücke durch, daß es recht fröhlich in dem einsamen Walde
erklang.

Mit dem Spielen ging es aber auch nicht lange, denn
ich stolperte dabei jeden Augenblick über die fatalen
Baumwurzeln, auch fing mich zuletzt an zu hungern, und
der Wald wollte noch immer gar kein Ende nehmen. So
irrte ich den ganzen Tag herum, und die Sonne schien
schon schief zwischen den Baumstämmen hindurch, als
ich endlich in ein kleines Wiesenthal hinaus kam, das
rings von Bergen eingeschlossen und voller rother und
gelber Blumen war, über denen unzählige Schmetterlin-
ge im Abendgolde herum flatterten. Hier war es so einsam, als läge die Welt wohl hundert Meilen weit weg. Nur
die Heimchen zirpten, und ein Hirt lag drüben im hohen
Grase und blies so melancholisch auf seiner Schalmei, daß
einem das Herz vor Wehmuth hätte zerspringen mögen.
Ja, dachte ich bei mir, wer es so gut hätte, wie so ein
Faullenzer! unser einer muß sich in der Fremde herum-
schlagen und immer attent seyn. – Da ein schönes klares
Flüßchen zwischen uns lag, über das ich nicht herüber
konnte, so rief ich ihm von weiten zu: wo hier das nächste
Dorf läge? Er ließ sich aber nicht stören, sondern streck-

te nur den Kopf ein wenig aus dem Grase hervor, wies mit
seiner Schalmei auf den andern Wald hin und blies ruhig
wieder weiter.

    Unterdeß marschirte ich fleißig fort, denn es fing schon
an zu dämmern. Die Vögel, die alle noch ein großes
Geschrei gemacht hatten, als die letzten Sonnen|40|strah-
len durch den Wald schimmerten, wurden auf einmal still,
und mir fing beinah an angst zu werden, in dem ewigen
einsamen Rauschen der Wälder. Endlich hörte ich von
ferne Hunde bellen. Ich schritt rascher fort, der Wald
wurde immer lichter und lichter, und bald darauf sah ich
zwischen den letzten Bäumen hindurch einen schönen
grünen Platz, auf dem viele Kinder lärmten, und sich um
eine große Linde herumtummelten, die recht in der Mitte
stand. Weiterhin an dem Platze war ein Wirthshaus, vor
dem einige Bauern um einen Tisch saßen und Karten
spielten und Taback rauchten. Von der andern Seite saßen
junge Bursche und Mädchen vor der Thür, die die Arme
in ihre Schürzen gewickelt hatten und in der Kühle mit
einander plauderten.

    Ich besann mich nicht lange, zog meine Geige aus der
Tasche, und spielte schnell einen lustigen Ländler auf,
während ich aus dem Walde hervortrat. Die Mädchen
verwunderten sich, die Alten lachten, daß es weit in den
Wald hineinschallte. Als ich aber so bis zu der Linde
gekommen war, und mich mit dem Rücken dran lehnte,
und immer fort spielte, da ging ein heimliches Rumoren
und Gewisper unter den jungen Leuten rechts und links,
die Bursche legten endlich ihre Sonntagspfeifen weg, jeder
nahm die Seine, und eh' ich's mich versah, schwenkte sich
das junge Bauernvolk tüchtig um mich herum, die Hunde

bellten, die Kittel flogen, und die Kinder standen um mich im |41| Kreise, und sahen mir neugierig ins Gesicht und auf die Finger, wie ich so fix damit handthierte.

Wie der erste Schleifer vorbei war, konnte ich erst recht sehen, wie eine gute Musik in die Gliedmaßen fährt. Die Bauerburschen, die sich vorher, die Pfeifen im Munde, auf den Bänken reckten und die steifen Beine von sich streckten, waren nun auf einmal wie umgetauscht, ließen ihre bunten Schnupftücher vorn am Knopfloch lang herunter hängen und kapriolten so artig um die Mädchen herum, daß es eine rechte Lust anzuschauen war. Einer von ihnen, der sich schon für was Rechtes hielt, haspelte lange in seiner Westentasche, damit es die andern sehen sollten, und brachte endlich ein kleines Silberstück heraus, das er mir in die Hand drücken wollte. Mich ärgerte das, wenn ich gleich dazumal kein Geld in der Tasche hatte. Ich sagte ihm, er sollte nur seine Pfennige behalten, ich spielte nur so aus Freude, weil ich wieder bei Menschen wäre. Bald darauf aber kam ein schmuckes Mädchen mit einer großen Stampe Wein zu mir. „Musikanten trinken gern," sagte sie, und lachte mich freundlich an, und ihre perlweißen Zähne schimmerten recht scharmant zwischen den rothen Lippen hindurch, so daß ich sie wohl hätte darauf küssen mögen. Sie tunkte ihr Schnäbelchen in den Wein, wobei ihre Augen über das Glas weg auf mich herüber funkelten, und reichte mir darauf die Stampe hin. Da trank ich das Glas bis auf den Grund aus, und spielte dann wieder von Frischem, daß sich alles lustig um mich herumdrehte.

|42| Die Alten waren unterdeß von ihrem Spiel aufgebrochen, die jungen Leute fingen auch an müde zu

werden und zerstreuten sich, und so wurde es nach und
nach ganz still und leer vor dem Wirthshause. Auch das
Mädchen, das mir den Wein gereicht hatte, ging nun nach
dem Dorfe zu, aber sie ging sehr langsam, und sah sich
zuweilen um, als ob sie was vergessen hätte. Endlich blieb
sie stehen und suchte etwas auf der Erde, aber ich sah
wohl, daß sie, wenn sie sich bückte, unter dem Arme
hindurch nach mir zurückblickte. Ich hatte auf dem
Schlosse Lebensart gelernt, ich sprang also geschwind her-
zu und sagte: „Haben Sie etwas verloren, schönste
Mamsell?" – „Ach nein," sagte sie und wurde über und
über roth, „es war nur eine Rose – will Er sie haben?" –
Ich dankte und steckte die Rose ins Knopfloch. Sie sah
mich sehr freundlich an und sagte: „Er spielt recht schön."
– „Ja," versetzte ich, „das ist so eine Gabe Gottes." – „Die
Musikanten sind hier in der Gegend sehr rar," hub das
Mädchen dann wieder an und stockte und hatte die
Augen beständig niedergeschlagen. „Er könnte sich hier
ein gutes Stück Geld verdienen – auch mein Vater spielt
etwas die Geige und hört gern von der Fremde erzählen
– und mein Vater ist sehr reich." – Dann lachte sie auf und
sagte: „Wenn Er nur nicht immer solche Grimassen
machen möchte, mit dem Kopfe, beim Geigen!" –
„Theuerste Jungfer," erwiederte ich, „erstlich: nennen Sie
mich nur nicht immer Er; sodann mit dem Kopf-Tremu-
lentzen, das ist |43| einmal nicht anders, das haben wir
Virtuosen alle so an uns." – „Ach so!" entgegnete das
Mädchen. Sie wollte noch etwas mehr sagen, aber da
entstand auf einmal ein entsetzliches Gepolter im Wirthshause, die Hausthüre ging mit großem Gekrache auf und
ein dünner Kerl kam wie ein ausgeschoßner Ladstock

herausgeflogen, worauf die Thür sogleich wieder hinter ihm zugeschlagen wurde.

Das Mädchen war bei dem ersten Geräusch wie ein Reh davon gesprungen und im Dunkel verschwunden. Die Figur vor der Thür aber raffte sich hurtig wieder vom Boden auf und fing nun an mit solcher Gesch[w]indigkeit gegen das Haus loszuschimpfen, daß es ordentlich zum Erstaunen war. „Was!" schrie er, „ich besoffen? ich die Kreidestriche an der verräucherten Thür nicht bezahlen? Löscht sie aus, löscht sie aus! Hab' ich Euch nicht erst gestern über'n Kochlöffel balbirt und in die Nase geschnitten, daß Ihr mir den Löffel morsch entzwei gebissen habt? Balbieren macht einen Strich – Kochlöffel, wieder ein Strich – Pflaster auf die Nase, noch ein Strich – wieviel solche hundsföttische Striche wollt Ihr denn noch bezahlt haben? Aber gut, schon gut! ich lasse das ganze Dorf, die ganze Welt ungeschoren. Lauf't meinetwegen mit Euren Bärten, daß der liebe Gott am jüngsten Tage nicht weiß, ob Ihr Juden seid oder Christen! Ja, hängt Euch an Euren eignen Bärten auf, Ihr zottigen Landbären!" Hier brach er auf einmal in ein jämmerliches Weinen aus und fuhr ganz erbärmlich durch die Fistel fort: |44| „Wasser soll ich saufen, wie ein elender Fisch? ist das Nächstenliebe? Bin ich nicht ein Mensch und ein ausge-lernter Feldscheer? Ach, ich bin heute so in der Rage! Mein Herz ist voller Rührung und Menschenliebe!" Bei diesen Worten zog er sich nach und nach zurück, da im Hause alles still blieb. Als er mich erblickte, kam er mit ausgebreiteten Armen auf mich los, ich glaube der tolle Kerl wollte mich ambrasiren [embrassiren?]. Ich sprang aber auf die Seite, und so stolperte er weiter, und ich hörte ihn noch lange, bald grob bald fein, durch die Finsterniß mit sich diskuriren.

Mir aber ging mancherlei im Kopfe herum. Die Jungfer, die mir vorhin die Rose geschenkt hatte, war jung, schön und reich – ich konnte da mein Glück machen, eh' man die Hand umkehrte. Und Hammel und Schweine, Puter und fette Gänse mit Aepfeln gestopft – ja, es war mir nicht anders, als säh' ich den Portier auf mich zukommen: „Greif zu, Einnehmer, greif zu! jung gefreit hat Niemand gereut, wer's Glück hat, führt die Braut heim, bleibe im Lande und nähre Dich tüchtig." In solchen philosophischen Gedanken setzte ich mich auf dem Platze, der nun ganz einsam war, auf einen Stein nieder, denn an das Wirthshaus anzuklopfen traute ich mich nicht, weil ich kein Geld bei mir hatte. Der Mond schien prächtig, von den Bergen rauschten die Wälder durch die stille Nacht herüber, manchmal schlugen im Dorfe die Hunde an, das weiter im Thale unter Bäumen und Mondschein wie begraben lag. Ich betrachtete das Firmament, wie |45| da einzelne Wolken langsam durch den Mondschein zogen und manchmal ein Stern weit in der Ferne herunterfiel. So, dachte ich, scheint der Mond auch über meines Vaters Mühle und auf das weiße gräfliche Schloß. Dort ist nun auch schon alles lange still, die gnädige Frau schläft, und die Wasserkünste und Bäume im Garten rauschen noch immer fort wie damals, und allen ist's gleich, ob ich noch da bin, oder in der Fremde, oder gestorben. – Da kam mir die Welt auf einmal so entsetzlich weit und groß vor, und ich so ganz allein darin, daß ich aus Herzensgrunde hätte weinen mögen.

Wie ich noch immer so dasitze, höre ich auf einmal aus der Ferne Hufschlag im Walde. Ich hielt den Athem an und lauschte, da kam es immer näher und näher, und ich

konnte schon die Pferde schnauben hören. Bald darauf
kamen auch wirklich zwei Reiter unter den Bäumen hervor, hielten aber am Saume des Waldes an und sprachen
heimlich sehr eifrig miteinander, wie ich an den Schatten
sehen konnte, die plötzlich über den mondbeglänzten
Platz vorschossen, und mit langen, dunklen Armen bald
dahin bald dorthin wiesen. – Wie oft, wenn mir zu Hause
meine verstorbene Mutter von wilden Wäldern und
martialischen Räubern erzählte, hatte ich mir sonst immer
heimlich gewünscht, eine solche Geschichte selbst zu
erleben. Da hatt' ich's nun auf einmal für meine dummen
frevelmüthigen Gedanken! – Ich streckte mich nun an
dem Lindenbaum, unter dem ich gesessen, ganz un-
merk|46|lich so lang aus, als ich nur konnte, bis ich den
ersten Ast erreicht hatte und mich geschwinde hinauf-
schwang. Aber ich baumelte noch mit halbem Leibe über
dem Aste und wollte so eben auch meine Beine nachho-
len, als der eine von den Reitern rasch hinter mir über den
Platz daher trabte. Ich drückte nun die Augen fest zu in
dem dunkeln Laube, und rührte und regte mich nicht. –
„Wer ist da?" rief es auf einmal dicht hinter mir. „Niemand!" schrie ich aus Leibeskräften vor Schreck, daß er
mich doch noch erwischt hatte. Insgeheim mußte ich aber
doch bei mir lachen, wie die Kerls sich schneiden würden,
wenn sie mir die leeren Taschen umdrehten. – „Ey, ey,"
sagte der Räuber wieder, „wem gehören denn aber die
zwei Beine, die da herunter hängen?" – Da half nichts
mehr. „Nichts weiter" versetzte ich, „als ein paar arme,
verirrte Musikantenbeine," und ließ mich rasch wieder
auf den Boden herab, denn ich schämte mich auch, länger
wie eine zerbrochene Gabel da über dem Aste zu hängen.

Das Pferd des Reiters scheute, als ich so plötzlich vom Baume herunterfuhr. Er klopfte ihm den Hals und sagte lachend: „Nun wir sind auch verirrt, da sind wir rechte Kammeraden; ich dächte also, Du hälfest uns ein wenig den Weg nach B. aufsuchen. Es soll Dein Schade nicht seyn." Ich hatte nun gut betheuern, daß ich gar nicht wüßte, wo B. läge, daß ich lieber hier im Wirthshause fragen, oder sie in das Dorf hinunter führen wollte. Der Kerl nahm gar keine Raison an. Er zog ganz ruhig eine Pistole aus |47| dem Gurt, die recht hübsch im Mondschein funkelte. „Mein Liebster," sagte er dabei sehr freundschaftlich zu mir, während er bald den Lauf der Pistole abwischte, bald wieder prüfend an die Augen hielt, „mein Liebster, Du wirst wohl so gut seyn, selber nach B. vorauszugehn.["]

Da war ich nun recht übel daran. Traf ich den Weg, so kam ich gewiß zu der Räuberbande und bekam Prügel, da ich kein Geld bei mir hatte, traf ich ihn nicht – so bekam ich auch Prügel. Ich besann mich also nicht lange und schlug den ersten besten Weg ein, der an dem Wirthshause vorüber vom Dorfe abführte. Der Reiter sprengte schnell zu seinem Begleiter zurück, und beide folgten mir dann in einiger Entfernung langsam nach. So zogen wir eigentlich recht närrisch auf gut Glück in die mondhelle Nacht hinein. Der Weg lief immerfort im Walde an einem Bergeshange fort. Zuweilen konnte man über die Tannenwipfel, die von unten herauflangten und sich dunkel rührten, weit in die tiefen stillen Thäler hinaussehen, hin und her schlug eine Nachtigall, Hunde bellten in der Ferne in den Dörfern. Ein Fluß rauschte beständig aus der Tiefe und blitzte zuweilen im Mondschein auf. Dabei das einförmige Pferdegetrappel und das

Wirren und Schwirren der Reiter hinter mir, die unauf-
hörlich in einer fremden Sprache mit einander plauderten, und das helle Mondlicht und die langen Schatten der
Baumstämme, die wechselnd über die beiden Reiter weg-
flogen, daß sie mir bald schwarz, bald |48| hell, bald klein,
bald wieder riesengroß vorkamen. Mir verwirrten sich
ordentlich die Gedanken, als läge ich in einem Traum und
könnte gar nicht aufwachen. Ich schritt immer stramm
vor mich hin. Wir müssen, dachte ich, doch am Ende aus
dem Walde und aus der Nacht herauskommen.

Endlich flogen hin und wieder schon lange röthliche
Scheine über den Himmel, ganz leise, wie wenn man über
einen Spiegel haucht, auch eine Lerche sang schon hoch
über dem stillen Thale. Da wurde mir auf einmal ganz
klar im Herzen bei dem Morgengruße, und alle Furcht
war vorüber. Die beiden Reiter aber streckten sich, und
sahen sich nach allen Seiten um, und schienen nun erst
gewahr zu werden, daß wir doch wohl nicht auf dem
rechten Wege seyn mochten. Sie plauderten wieder viel,
und ich merkte wohl, daß sie von mir sprachen, ja es kam
mir vor, als finge der eine sich vor mir zu fürchten an, als
könnt ich wohl gar so ein heimlicher Schnaphahn seyn,
der sie im Walde irreführen wollte. Das machte mir Spaß,
denn je lichter es ringsum wurde, je mehr Courage kriegt'
ich, zumal da wir so eben auf einen schönen freien
Waldplatz herauskamen. Ich sah mich daher nach allen
Seiten ganz wild um, und pfiff dann ein Paarmal auf den
Fingern, wie die Spitzbuben thun, wenn sie sich einander
Signale geben wollen.

„Halt!" rief auf einmal der Eine von den Reitern, daß
ich ordentlich zusammen fuhr. Wie ich mich umsehe,

sind sie beide abgestiegen und haben ihre Pferde |49| an
einen Baum angebunden. Der Eine kommt aber rasch auf
mich los, sieht mir ganz starr ins Gesicht, und fängt auf
einmal ganz unmäßig an zu lachen. Ich muß gestehen,
mich ärgerte das unvernünftige Gelächter. Er aber sagte:
„Wahrhaftig, das ist der Gärtner, wollt' sagen: Einnehmer
vom Schloß!"

        Ich sah ihn groß an, wußt' mich aber seiner nicht zu
erinnern, hätt' auch viel zu thun gehabt, wenn ich mir alle
die jungen Herren hätte ansehen wollen, die auf dem
Schloß ab und zu ritten. Er aber fuhr mit ewigem Gelächter fort: „Das ist prächtig! Du vacirst, wie ich sehe, wir
brauchen eben einen Bedienten, bleib bei uns, da hast Du
ewige Vakanz." – Ich war ganz verblüfft und sagte endlich,
daß ich so eben auf einer Reise nach Italien begriffen wäre.
– „Nach Italien?!" entgegnete der Fremde, „eben dahin
wollen auch wir!" – „Nun, wenn *das* ist!" rief ich aus und
zog voller Freude meine Geige aus der Tasche und strich,
daß die Vögel im Walde aufwachten. Der Herr aber
erwischte geschwind den andern Herrn und walzte mit
ihm wie verrückt auf dem Rasen herum.

        Dann standen sie plötzlich still. „Bei Gott," rief der
Eine, „da seh' ich schon den Kirchthurm von B.! nun, da
wollen wir bald unten seyn." Er zog seine Uhr heraus und
ließ sie repetiren, schüttelte mit dem Kopfe, und ließ noch
einmal schlagen. „Nein," sagte er, „das geht nicht, wir
kommen so zu früh hin, das könnte schlimm werden!"

        Darauf holten sie von ihren Pferden Kuchen, Bra|50|ten
und Weinflaschen, breiteten eine schöne bunte Decke auf
dem grünen Rasen aus, streckten sich darüber hin und
schmaußten sehr vergnüglich, theilten auch mir von

Allem sehr reichlich mit, was mir gar wohl bekam, da ich
seit einigen Tagen schon nicht mehr vernünftig gespeißt
hatte. – „Und daß Du's weißt," sagte der Eine zu mir, –
„aber Du kennst uns doch nicht?" – ich schüttelte mit dem
Kopfe. – „Also, daß Du's weißt: ich bin der Maler
Leonhard, und das dort ist – wieder ein Maler – Guido
geheißen.["]

Ich besah mir nun die beiden Maler genauer bei der
Morgendämmerung. Der Eine, Herr Leonhard, war groß,
schlank, braun, mit lustigen feurigen Augen. Der Andere
war viel jünger, kleiner und feiner, auf altdeutsche Mode
gekleidet, wie es der Portier nannte, mit weißem Kragen
und bloßem Hals, um den die dunkelbraunen Locken
herab hingen, die er oft aus dem hübschen Gesichte
wegschütteln mußte. – Als dieser genug gefrühstückt
hatte, griff er nach meiner Geige, die ich neben mir auf
den Boden gelegt hatte, setzte sich damit auf einen
umgehauenen Baumast, und klimperte darauf mit den
Fingern. Dann sang er dazu so hell wie ein Waldvögelein,
daß es mir recht durch's ganze Herz klang:

> Fliegt der erste Morgenstrahl
> Durch das stille Nebelthal,
> Rauscht erwachend Wald und Hügel:
> Wer da fliegen kann, nimmt Flügel!
> |51| Und sein Hütlein in die Luft
> Wirft der Mensch vor Lust und ruft:
> Hat Gesang doch auch noch Schwingen,
> Nun so will ich fröhlich singen!

Dabei spielten die röthlichen Morgenscheine recht anmuthig über sein etwas blasses Gesicht und die schwarzen verliebten Augen. Ich aber war so müde, daß sich mir
die Worte und Noten, während er so sang, immer mehr
verwirrten, bis ich zuletzt fest einschlief.

Als ich nach und nach wieder zu mir selber kam, hörte
ich wie im Traume die beiden Maler noch immer neben
mir sprechen und die Vögel über mir singen, und die
Morgenstrahlen schimmerten mir durch die geschlosse-
nen Augen, daß mir's innerlich so dunkelhell war, wie
wenn die Sonne durch rothseidene Gardinen scheint.
Come é bello! hört' ich da dicht neben mir ausrufen. Ich
schlug die Augen auf, und erblickte den jungen Maler, der
im funkelnden Morgenlicht über mich hergebeugt stand,
so daß beinah nur die großen schwarzen Augen zwischen
den herabhängenden Locken zu sehen waren.

Ich sprang geschwind auf, denn es war schon heller Tag
geworden. Der Herr Leonhard schien verdrüßlich zu seyn,
er hatte zwei zornige Falten auf der Stirn und trieb hastig
zum Aufbruch. Der andere Maler aber schüttelte seine
Locken aus dem Gesicht und trällerte, während er sein Pferd
aufzäumte, ruhig ein Liedchen vor sich hin, bis Leonhard
zuletzt plötzlich laut auflachte, schnell eine Flasche ergriff,
die noch auf |52| dem Rasen stand und den Rest in die Gläser
einschenkte. „Auf eine glückliche Ankunft!" rief er aus, sie
stießen mit den Gläsern zusammen, es gab einen schönen
Klang. Darauf schleuderte Leonhard die leere Flasche hoch
ins Morgenroth, daß es lustig in der Luft funkelte.

Endlich setzten sie sich auf ihre Pferde, und ich
marschirte frisch wieder neben her. Gerade vor uns lag
ein unübersehliches Thal, in das wir nun hinunter zogen.

Da war ein Blitzen und Rauschen und Schimmern und Jubiliren! Mir war so kühl und fröhlich zu Muthe, als sollt' ich von dem Berge in die prächtige Gegend hinausfliegen.

5

Viertes Kapitel.

Nun Ade, Mühle und Schloß und Portier! Nun ging's, daß
mir der Wind am Hute pfiff. Rechts und links flogen
Dörfer, Städte und Weingärten vorbei, daß es einem vor
den Augen flimmerte; hinter mir die beiden Maler im
Wagen, vor mir vier Pferde mit einem prächtigen Postillon, ich hoch oben auf dem Kutschbock, daß ich oft Ellen-
hoch in die Höhe flog.

Das war so zugegangen: Als wir vor B. ankommen,
kommt schon am Dorfe ein langer, dürrer, grämlicher
Herr im grünen Flauschrock uns entgegen, macht viele
Bücklinge vor den Herrn Malern und führt uns in das
Dorf hinein. Da stand unter den hohen Lin|53|den vor
dem Posthause schon ein prächtiger Wagen mit vier
Postpferden bespannt. Herr Leonhard meinte unterwegs,
ich hätte meine Kleider ausgewachsen. Er holte daher
geschwind andere aus seinem Mantelsack hervor, und ich
mußte einen ganz neuen schönen Frack und Weste an-
ziehn, die mir sehr vornehm zu Gesicht standen, nur daß
mir alles zu lang und weit war und ordentlich um mich
herum schlotterte. Auch einen ganz neuen Hut bekam
ich, der funkelte in der Sonne, als wär' er mit frischer
Butter überschmiert. Dann nahm der fremde grämliche
Herr die beiden Pferde der Maler am Zügel, die Maler
sprangen in den Wagen, ich auf den Bock, und so flogen
wir schon fort, als eben der Postmeister mit der Schlaf-

mütze aus dem Fenster guckte. Der Postillon bließ lustig
auf dem Horne, und so ging es frisch nach Italien hinein.

Ich hatte eigentlich da droben ein prächtiges Leben,
wie der Vogel in der Luft, und brauchte doch dabei nicht
selbst zu fliegen. Zu thun hatte ich auch weiter nichts, als
Tag und Nacht auf dem Bocke zu sitzen, und bei den
Wirthshäusern manchmal Essen und Trinken an den
Wagen herauszubringen, denn die Maler sprachen nirgends ein, und bei Tage zogen sie die Fenster am Wagen
so fest zu, als wenn die Sonne sie erstechen wollte. Nur
zuweilen steckte der Herr Guido sein hübsches Köpfchen
zum Wagenfenster heraus und diskurirte freundlich mit
mir und lachte dann den Herrn Leonhard aus, der das
nicht leiden wollte, und jedesmal über die langen Diskur-
se böse wurde. Ein |54| paarmal hätte ich bald Verdruß
bekommen mit meinem Herrn. Das einemal, wie ich bei
schöner, sternklarer Nacht droben auf dem Bock die
Geige zu spielen anfing, und sodann späterhin wegen des
Schlafes. Das war aber auch ganz zum Erstaunen! Ich
wollte mir doch Italien recht genau besehen, und riß die
Augen alle Viertelstunden weit auf. Aber kaum hatte ich
ein Weilchen so vor mich hingesehen, so verschwirrten
und verwickelten sich mir die sechszehn Pferdefüße vor
mir wie Filet so hin und her und übers Kreuz, daß mir die
Augen gleich wieder übergingen, und zuletzt gerieth ich
in ein solches entsetzliches und unaufhaltsames Schlafen,
daß gar kein Rath mehr war. Da mocht' es Tag oder
Nacht, Regen oder Sonnenschein, Tyrol oder Italien seyn,
ich hing bald rechts, bald links, bald rücklings über den
Bock herunter, ja manchmal tunkte ich mit solcher
Vehementz mit dem Kopfe nach dem Boden zu, daß mir

der Hut weit vom Kopfe flog, und der Herr Guido im
Wagen laut aufschrie.

So war ich, ich weiß selbst nicht wie, durch halb
Welschland, das sie dort Lombardey nennen, durchge-
kommen, als wir an einem schönen Abend vor einem
Wirthshause auf dem Lande stillhielten. Die Post-Pferde
waren in dem daranstoßenden Stations-Dorfe erst nach
ein paar Stunden bestellt, die Herren Maler stiegen daher
aus und ließen sich in ein besonderes Zimmer führen, um
hier ein wenig zu rasten und einige Briefe zu schreiben.
Ich aber war sehr vergnügt darüber, und verfügte mich
sogleich in die Gaststube, um |55| endlich wieder einmal
so recht mit Ruhe und Komodität zu essen und zu trinken. Da sah es ziemlich lüderlich aus. Die Mägde gingen
mit zerzottelten Haaren herum, und hatten die offnen
Halstücher unordentlich um das gelbe Fell hängen. Um
einen runden Tisch saßen die Knechte vom Hause in
blauen Ueberzieh-Hemden beim Abendessen, und glotz-
ten mich zuweilen von der Seite an. Die hatten alle kurze,
dicke Haarzöpfe und sahen so recht vornehm wie junge
Herrlein aus. – Da bist Du nun, dachte ich bei mir, und
aß fleißig fort, da bist Du nun endlich in dem Lande,
woher immer die kuriosen Leute zu unserm Herrn
Pfarrer kamen, mit Mausefallen und Barometern und
Bildern. Was der Mensch doch nicht alles erfährt, wenn
er sich einmal hinterm Ofen hervormacht!

Wie ich noch eben so esse und meditire, wuscht ein
Männlein, das bis jetzt in einer dunklen Ecke der Stube
bei seinem Glase Wein gesessen hatte, auf einmal aus
seinem Winkel wie eine Spinne auf mich los. Er war ganz
kurz und bucklicht, hatte aber einen großen graußlichen

Kopf mit einer langen römischen Adlernase und sparsa-
men rothen Backenbart, und die gepuderten Haare standen ihm von allen Seiten zu Berge, als wenn der Sturm-
wind durchgefahren wäre. Dabei trug er einen altmodi-
schen, verschossenen Frack, kurze plüschene Beinkleider
und ganz vergelbte seidene Strümpfe. Er war einmal in
Deutschland gewesen, und dachte Wunder wie gut er
deutsch verstünde. Er setzte sich zu mir und frug bald das,
bald jenes, wäh|56|rend er immerfort Taback schnupfte:
ob ich der Servitore sey? wenn wir arriware? ob wir nach
Roma kehn? aber das wußte ich alles selber nicht, und
konnte auch sein Kauderwelsch gar nicht verstehn. „Parlez-vous françois?" sagte ich endlich in meiner Angst zu
ihm. Er schüttelte mit dem großen Kopfe, und das war
mir sehr lieb, denn ich konnte ja auch nicht französisch.
Aber das half alles nichts. Er hatte mich einmal recht auf's
Korn genommen, er frug und frug immer wieder; je mehr
wir parlierten, je weniger verstand einer den andern, zuletzt wurden wir beide schon hitzig, so daß mir's manchmal vorkam, als wollte der Signor mit seiner Adlernase
nach mir hacken, bis endlich die Mägde, die den babilo-
nischen Diskurs mit angehört hatten, uns beide tüchtig
auslachten. Ich aber legte schnell Messer und Gabel hin
und ging vor die Hausthür hinaus. Denn mir war in dem
fremden Lande nicht anders, als wäre ich mit meiner
deutschen Zunge tausend Klafter tief ins Meer versenkt,
und allerlei unbekanntes Gewürm ringelte sich und
rauschte da in der Einsamkeit um mich her, und glotzte
und schnappte nach mir.

Draußen war eine warme Sommernacht, so recht um
passatim zu gehn. Weit von den Weinbergen herüber

hörte man noch zuweilen einen Winzer singen, dazwischen blitzte es manchmal von ferne, und die ganze Gegend zitterte und säuselte im Mondenschein. Ja manchmal kam es mir vor, als schlüpfte eine lange dunkle Gestalt
hinter den Haselnußsträuchen vor dem |57| Hause vor-
über und guckte durch die Zweige, dann war alles auf
einmal wieder still. – Da trat der Herr Guido eben auf den
Balkon des Wirthshauses heraus. Er bemerkte mich nicht,
und spielte sehr geschickt auf einer Zitter, die er im Hause
gefunden haben mußte, und sang dann dazu wie eine
Nachtigall.

> Schweigt der Menschen laute Lust:
> Rauscht die Erde wie in Träumen
> Wunderbar mit allen Bäumen,
> Was dem Herzen kaum bewußt,
> Alte Zeiten, linde Trauer,
> Und es schweifen leise Schauer
> Wetterleuchtend durch die Brust.

Ich weiß nicht, ob er noch mehr gesungen haben mag,
denn ich hatte mich auf die Bank vor der Hausthür hinge-
streckt, und schlief in der lauen Nacht vor großer Ermüdung fest ein.

Es mochten wohl ein paar Stunden ins Land gegangen
seyn, als mich ein Posthorn aufweckte, das lange Zeit
lustig in meine Träume hereinblies, ehe ich mich völlig
besinnen konnte. Ich sprang endlich auf, der Tag dämmer-
te schon an den Bergen, und die Morgenkühle rieselte mir
durch alle Glieder. Da fiel mir erst ein, daß wir ja um diese
Zeit schon wieder weit fort seyn wollten. Aha, dachte ich,

heut ist einmal das Wecken und Auslachen an mir. Wie
wird der Herr Guido mit dem verschlafenen Lockenkopfe
herausfahren, wenn er mich draußen hört! So ging ich in
den kleinen Garten am Hause dicht unter die Fenster, wo
|58| meine Herren wohnten, dehnte mich noch einmal
recht ins Morgenroth hinein und sang fröhlichen Muthes:

> Wenn der Hoppevogel schreit,
> Ist der Tag nicht mehr weit,
> Wenn die Sonne sich aufthut,
> Schmeckt der Schlaf noch so gut! –

Das Fenster war offen, aber es blieb alles still oben, nur
der Nachtwind ging noch durch die Weinranken, die sich
bis in das Fenster hineinstreckten. – Nun was soll denn
das wieder bedeuten? rief ich voll Erstaunen aus, und lief
in das Haus und durch die stillen Gänge nach der Stube
zu. Aber da gab es mir einen rechten Stich ins Herz. Denn
wie ich die Thüre aufreiße, ist alles leer, darin kein Frack,
kein Hut, kein Stiefel. – Nur die Zitter, auf der Herr
Guido gestern gespielt hatte, hing an der Wand, auf dem
Tische mitten in der Stube lag ein schöner voller Geldbeu-
tel, worauf ein Zettel geklebt war. Ich hielt ihn näher ans
Fenster, und traute meinen Augen kaum, es stand wahrhaftig mit großen Buchstaben darauf: Für den Herrn Einnehmer!

Was war mir aber das alles nütze, wenn ich meine
lieben lustigen Herrn nicht wieder fand? Ich schob den
Beutel in meine tiefe Rocktasche, das plumpte wie in
einen tiefen Brunn, daß es mich ordentlich hinten über
zog. Dann rannte ich hinaus, machte einen großen Lärm

und weckte alle Knechte und Mägde im Hause. Die
wußten gar nicht, was ich wollte, und meinten, ich wäre
verrückt geworden. Dann aber verwunderten |59| sie sich
nicht wenig, als sie oben das leere Nest sahen. Niemand
wußte etwas von meinen Herren. Nur die eine Magd –
wie ich aus ihren Zeichen und Gestikulationen zusam-
menbringen konnte – hatte bemerkt, daß der Herr Guido,
als er gestern Abends auf dem Balkon sang, auf einmal
laut aufschrie, und dann geschwind zu dem andern Herrn
in das Zimmer zurückstürzte. Als sie hernach in der Nacht
einmal aufwachte, hörte sie draußen Pferdegetrappel. Sie
guckte durch das kleine Kammerfenster und sah den
bucklichten Signor, der gestern so viel mit mir gesprochen
hatte, auf einem Schimmel im Mondschein quer übers
Feld gallopiren, daß er immer Ellen hoch überm Sattel in
die Höhe flog und die Magd sich bekreuzte, weil es aussah, wie ein Gespenst, das auf einem dreibeinigen Pferde
reitet. – Da wußt' ich nun gar nicht, was ich machen sollte.

Unterdeß aber stand unser Wagen schon lange vor der
Thüre angespannt und der Postillon stieß ungeduldig ins
Horn, daß er hätte bersten mögen, denn er mußte zur
bestimmten Stunde auf der nächsten Station seyn, da alles
durch Laufzettel bis auf die Minute voraus bestellt war.
Ich rannte noch einmal um das ganze Haus herum und
rief die Maler, aber Niemand gab Antwort, die Leute aus
dem Hause liefen zusammen und gafften mich an, der
Postillon fluchte, die Pferde schnaubten, ich, ganz verblüfft, springe endlich geschwind in den Wagen hinein,
der Hausknecht schlägt |60| die Thüre hinter mir zu, der
Postillon knallt und so ging's mit mir fort in die weite Welt
hinein.

Fünftes Kapitel.

Wir fuhren nun über Berg und Thal Tag und Nacht immer fort. Ich hatte gar nicht Zeit, mich zu besinnen, denn wo wir hinkamen, standen die Pferde angeschirrt, ich konnte mit den Leuten nicht sprechen, mein Demonstriren half also nichts; oft, wenn ich im Wirthshause eben beim besten Essen war, bließ der Postillon, ich mußte Messer und Gabel wegwerfen und wieder in den Wagen springen, und wußte doch eigentlich gar nicht, wohin und weswegen ich just mit so ausnehmender Geschwindigkeit fortreisen sollte.

Sonst war die Lebensart gar nicht so übel. Ich legte mich, wie auf einem Kanapee, bald in die eine, bald in die andere Ecke des Wagens, und lernte Menschen und Länder kennen, und wenn wir durch Städte fuhren, lehnte ich mich auf beide Arme zum Wagenfenster heraus und dankte den Leuten, die höflich vor mir den Hut abnahmen oder ich grüßte die Mädchen an den Fenstern wie ein alter Bekannter, die sich dann immer sehr verwunderten, und mir noch lange neugierig nachguckten.

Aber zuletzt erschrak ich sehr. Ich hatte das Geld in dem gefundenen Beutel niemals gezählt, den Postmeistern und Gastwirthen mußte ich überall viel be|61|zahlen, und ehe ich mich's versah, war der Beutel leer. Anfangs nahm ich mir vor, sobald wir durch einen einsamen Wald führen, schnell aus dem Wagen zu springen und zu

entlaufen. Dann aber that es mir wieder leid, nun den
schönen Wagen so allein zu lassen, mit dem ich sonst
wohl noch bis ans Ende der Welt fortgefahren wäre.

Nun saß ich eben voller Gedanken und wußte nicht
aus noch ein, als es auf einmal seitwärts von der Landstraße abging. Ich schrie zum Wagen heraus, auf den
Postillon: wohin er denn fahre? Aber ich mochte sprechen
was ich wollte, der Kerl sagte immer bloß: „Si, Si, Signore!"
und fuhr immer über Stock und Stein, daß ich aus einer
Ecke des Wagens in die andere flog.

Das wollte mir gar nicht in den Sinn, denn die
Landstraße lief grade durch eine prächtige Landschaft auf
die untergehende Sonne zu, wohl wie in ein Meer von
Glanz und Funken. Von der Seite aber, wohin wir uns ge-
wendet hatten, lag ein wüstes Gebürge vor uns mit grauen
Schluchten, zwischen denen es schon lange dunkel geworden war. – Je weiter wir fuhren, je wilder und einsa-
mer wurde die Gegend. Endlich kam der Mond hinter den
Wolken hervor, und schien auf einmal so hell zwischen die
Bäume und Felsen herein, daß es ordentlich grauslich
anzusehen war. Wir konnten nur langsam fahren in den
engen steinigten Schluchten, und das einförmige ewige
Gerassel des Wagens schallte an den Steinwänden weit in
die stille |62| Nacht, als führen wir in ein großes Grabge-
wölbe hinein. Nur von vielen Wasserfällen, die man aber
nicht sehen konnte, war ein unaufhörliches Rauschen
tiefer im Walde, und die Käutzchen riefen aus der Ferne
immerfort: „Komm mit, Komm mit!" – Dabei kam es mir
vor, als wenn der Kutscher, der, wie ich jetzt erst sah, gar
keine Uniform hatte und kein Postillon war, sich einigemal unruhig umsah und schneller zu fahren anfing, und

wie ich mich recht zum Wagen herauslegte, kam plötzlich ein Reiter aus dem Gebüsch hervor, sprengte dicht
vor unseren Pferden quer über den Weg, und verlor sich
sogleich wieder auf der andern Seite im Walde. Ich war
ganz verwirrt, denn, soviel ich bei dem hellen Mondschein erkennen konnte, war es dasselbe buckliche Männlein auf seinem Schimmel, das in dem Wirthshause mit
der Adlernase nach mir gehackt hatte. Der Kutscher
schüttelte den Kopf und lachte laut auf über die närrische
Reiterei, wandte sich aber dann rasch zu mir um, sprach
sehr viel und sehr eifrig, wovon ich leider nichts verstand,
und fuhr dann noch rascher fort.

Ich aber war froh, als ich bald darauf von ferne ein
Licht schimmern sah. Es fanden sich nach und nach noch
mehrere Lichter, sie wurden immer größer und heller,
und endlich kamen wir an einigen verräucherten Hütten
vorüber, die wie Schwalbennester auf dem Felsen hingen.
Da die Nacht warm war, so standen die Thüren offen, und
ich konnte darin die hell erleuchteten Stuben und allerlei
lumpiges Gesindel sehen, das |63| wie dunkle Schatten um
das Heerdfeuer herumhockte. Wir aber rasselten durch
die stille Nacht einen Steinweg hinan, der sich auf einen
hohen Berg hinaufzog. Bald überdeckten hohe Bäume
und herabhängende Sträucher den ganzen Hohlweg, bald
konnte man auf einmal wieder das ganze Firmament, und
in der Tiefe die weite stille Runde von Bergen, Wäldern
und Thälern übersehen. Auf dem Gipfel des Berges stand
ein großes altes Schloß mit vielen Thürmen im hellsten
Mondenschein. – „Nun Gott befohlen!" rief ich aus, und
war innerlich ganz munter geworden vor Erwartung, wo
sie mich da am Ende noch hinbringen würden.

Es dauerte wohl noch eine gute halbe Stunde, ehe wir endlich auf dem Berge am Schloßthore ankamen. Das ging in einen breiten runden Thurm hinein, der oben schon ganz verfallen war. Der Kutscher knallte dreimal, daß es weit in dem alten Schlosse wiederhallte, wo ein Schwarm von Dohlen ganz erschrocken plötzlich aus allen Lucken und Ritzen herausfuhr und mit großem Geschrei die Luft durchkreuzte. Darauf rollte der Wagen in den langen, dunklen Thorweg hinein. Die Pferde gaben mit ihren Hufeisen Feuer auf dem Steinpflaster, ein großer Hund bellte, der Wagen donnerte zwischen den gewölbten Wänden. Die Dohlen schrien noch immer dazwischen – so kamen wir mit einem entsetzlichen Spektakel in den engen gepflasterten Schloßhof.

Eine kuriose Station! dachte ich bei mir, als nun der Wagen still stand. Da wurde die Wagenthür von |64| draußen aufgemacht, und ein alter langer Mann mit einer kleinen Laterne sah mich unter seinen dicken Augenbrauen grämlich an. Er faßte mich dann unter den Arm und half mir, wie einem großen Herrn, aus dem Wagen heraus. Draußen vor der Hausthür stand eine alte, sehr häßliche Frau im schwarzen Kamisol und Rock, mit einer weißen Schürze und schwarzen Haube, von der ihr ein langer Schnipper bis an die Nase herunter hing. Sie hatte an der einen Hüfte einen großen Bund Schlüssel hängen und hielt in der andern einen altmodischen Armleuchter mit zwei brennenden Wachskerzen. Sobald sie mich erblickte, fing sie an tiefe Knixe zu machen und sprach und frug sehr viel durcheinander. Ich verstand aber nichts davon und machte immerfort Kratzfüße vor ihr, und es war mir eigentlich recht unheimlich zu Muthe.

Der alte Mann hatte unterdeß mit seiner Laterne den
Wagen von allen Seiten beleuchtet und brummte und
schüttelte den Kopf, als er nirgend einen Koffer oder
Bagage fand. Der Kutscher fuhr darauf, ohne Trinkgeld
von mir zu fordern, den Wagen in einen alten Schoppen,
der auf der Seite des Hofes schon offen stand. Die alte
Frau aber bat mich sehr höflich durch allerlei Zeichen, ihr
zu folgen. Sie führte mich mit ihren Wachskerzen durch
einen langen schmalen Gang, und dann eine kleine steinerne Treppe herauf. Als wir an der Küche vorbei gingen,
streckten ein paar junge Mägde neugierig die Köpfe durch
die halbgeöffnete Thür und guckten mich so starr an, und
winkten und |65| nickten einander heimlich zu, als wenn
sie in ihrem Leben noch kein Mannsbild gesehen hätten.
Die Alte machte endlich oben eine Thüre auf, da wurde
ich anfangs ordentlich ganz verblüfft. Denn es war ein
großes schönes herrschaftliches Zimmer mit goldenen
Verzierungen an der Decke, und an den Wänden hingen
prächtige Tapeten mit allerlei Figuren und großen Blumen. In der Mitte stand ein gedeckter Tisch mit Braten,
Kuchen, Sallat, Obst, Wein und Confekt, daß einem recht
das Herz im Leibe lachte. Zwischen den beiden Fenstern
hing ein ungeheurer Spiegel, der vom Boden bis zur
Decke reichte.

Ich muß sagen, das gefiel mir recht wohl. Ich streckte
mich ein Paarmal und ging mit langen Schritten vornehm
im Zimmer auf und ab. Dann konnt' ich aber doch nicht
widerstehen, mich einmal in einem so großen Spiegel zu
besehen. Das ist wahr, die neuen Kleider vom Herrn
Leonhard standen mir recht schön, auch hatte ich in Itali-
en so ein gewisses feuriges Auge bekommen, sonst aber

war ich grade noch so ein Milchbart, wie ich zu Hause
gewesen war, nur auf der Oberlippe zeigten sich erst ein
paar Flaumfedern.

Die alte Frau mahlte indeß in einem fort mit ihrem
zahnlosen Munde, daß es nicht anders aussah, als wenn
sie an der langen herunterhängenden Nasenspitze kaute.
Dann nöthigte sie mich zum Sitzen, streichelte mir mit
ihren dürren Fingern das Kinn, nannte mich poverino!
wobei sie mich aus den rothen Augen so schelmisch ansah,
daß sich ihr der eine Mundwinkel bis |66| an die halbe
Wange in die Höhe zog, und ging endlich mit einem
tiefen Knix zur Thüre hinaus.

Ich aber setzte mich zu dem gedeckten Tisch, während
eine junge hübsche Magd herein trat, um mich bei der
Tafel zu bedienen. Ich knüpfte allerlei galanten Diskurs
mit ihr an, sie verstand mich aber nicht, sondern sah mich
immer ganz kurios von der Seite an, weil mir's so gut
schmeckte, denn das Essen war delikat. Als ich satt war
und wieder aufstand, nahm die Magd ein Licht von der
Tafel und führte mich in ein anderes Zimmer. Da war ein
Sopha, ein kleiner Spiegel und ein prächtiges Bett mit
grün-seidenen Vorhängen. Ich frug sie mit Zeichen, ob
ich mich da hineinlegen sollte? Sie nickte zwar: „Ja," aber
das war denn doch nicht möglich, denn sie blieb wie an-
genagelt bei mir stehen. Endlich holte ich mir noch ein
großes Glas Wein aus der Tafelstube herein und rief ihr
zu: „felicissima notte!" denn so viel hatt' ich schon italienisch gelernt. Aber wie ich das Glas so auf einmal aus-
stürzte, bricht sie plötzlich in ein verhaltnes Kichern aus,
wird über und über roth, geht in die Tafelstube und macht
die Thüre hinter sich zu. „Was ist da zu lachen?" dachte

ich ganz verwundert, „ich glaube die Leute in Italien sind
alle verrückt."

    Ich hatte nun nur immer Angst vor dem Postillon, daß
der gleich wieder zu blasen anfangen würde. Ich horchte
am Fenster, aber es war alles stille draußen. Laß ihn blasen!
dachte ich, zog mich aus und legte mich in das prächtige
Bett. Das war nicht anders, |67| als wenn man in Milch
und Honig schwämme! Vor den Fenstern rauschte die alte
Linde im Hofe, zuweilen fuhr noch eine Dohle plötzlich
vom Dache auf, bis ich endlich voller Vergnügen einschlief.

SECHSTES KAPITEL

Als ich wieder erwachte, spielten schon die ersten Morgenstrahlen an den grünen Vorhängen über mir. Ich konnte mich gar nicht besinnen, wo ich eigentlich wäre. Es kam mir vor, als führe ich noch immer fort im Wagen, und es hätte mir von einem Schlosse im Mondschein geträumt und von einer alten Hexe und ihrem blassen Töchterlein.

Ich sprang endlich rasch aus dem Bette, kleidete mich an, und sah mich dabei nach allen Seiten in dem Zimmer um. Da bemerkte ich eine kleine Tapetenthür, die ich gestern gar nicht gesehen hatte. Sie war nur angelehnt, ich öffnete sie, und erblickte ein kleines nettes Stübchen, das in der Morgendämmerung recht heimlich aussah. Ueber einen Stuhl waren Frauenkleider unordentlich hingeworfen, auf einem Bettchen daneben lag das Mädchen, das mir gestern Abends bei der Tafel aufgewartet hatte. Sie schlief noch ganz ruhig und hatte den Kopf auf den weißen bloßen Arm gelegt, über den ihre schwarzen Locken herabfielen. Wenn die wußte, daß die Thür offen war! sagte ich zu mir selbst und ging in mein Schlafzimmer zurück, |68| während ich hinter mir wieder schloß und verriegelte, damit das Mädchen nicht erschrecken und sich schämen sollte, wenn sie erwachte.

Draußen ließ sich noch kein Laut vernehmen. Nur ein früherwachtes Waldvöglein saß vor meinem Fenster auf

einem Strauch, der aus der Mauer heraus wuchs, und sang
schon sein Morgenlied. „Nein," sagte ich, „Du sollst mich
nicht beschämen und allein so früh und fleißig Gott
loben!" – Ich nahm schnell meine Geige, die ich gestern
auf das Tischchen gelegt hatte, und ging hinaus. Im
Schlosse war noch alles todtenstill, und es dauerte lange,
ehe ich mich aus den dunklen Gängen ins Freie heraus
fand.

Als ich vor das Schloß heraus trat, kam ich in einen
großen Garten, der auf breiten Terrassen, wovon die eine
immer tiefer war als die andere, bis auf den halben Berg
herunter ging. Aber das war eine lüderliche Gärtnerei. Die
Gänge waren alle mit hohem Grase bewachsen, die künst-
lichen Figuren von Buchsbaum waren nicht beschnitten
und streckten, wie Gespenster, lange Nasen oder ellen-
hohe spitzige Mützen in die Luft hinaus, daß man sich in
der Dämmerung ordentlich davor hätte fürchten mögen.
Auf einige zerbrochene Statuen über einer vertrockneten
Wasserkunst war gar Wäsche aufgehängt, hin und wieder
hatten sie mitten im Garten Kohl gebaut, dann kamen
wieder ein paar ordinaire Blumen, alles unordentlich
durcheinander, und von hohem wilden Unkraut über-
wachsen, zwischen dem sich bunte Eidechsen schlängel-
ten. Zwi|69|schen den alten hohen Bäumen hindurch aber
war überall eine weite, einsame Aussicht, eine Bergkoppe
hinter der andern, so weit das Auge reichte.

Nachdem ich so ein Weilchen in der Morgendämmerung durch die Wildniß umherspaziert war, erblickte ich
auf der Terasse unter mir einen langen schmalen blassen
Jüngling in einem langen braunen Kaputrock, der mit
verschränkten Armen und großen Schritten auf und ab

ging. Er that als sähe er mich nicht, setzte sich bald darauf
auf eine steinerne Bank hin, zog ein Buch aus der Tasche,
las sehr laut, als wenn er predigte, sah dabei zuweilen zum
Himmel, und stützte dann den Kopf ganz melankolisch
auf die rechte Hand. Ich sah ihm lange zu, endlich wurde
ich doch neugierig, warum er denn eigentlich so abson-
derliche Grimassen machte, und ging schnell auf ihn zu.
Er hatte eben einen tiefen Seufzer ausgestoßen und sprang
erschrocken auf, als ich ankam. Er war voller Verlegen-
heit, ich auch, wir wußten beide nicht, was wir sprechen
sollten, und machten immerfort Complimente voreinan-
der, bis er endlich mit langen Schritten in das Gebüsch
Reißaus nahm. Unterdeß war die Sonne über dem Walde
aufgegangen, ich sprang auf die Bank hinauf und strich
vor Lust meine Geige, daß es weit in die stillen Thäler
herunter schallte. Die Alte mit dem Schlüsselbunde, die
mich schon ängstlich im ganzen Schlosse zum Frühstück
aufgesucht hatte, erschien nun auf der Terrasse über mir,
und verwunderte sich, daß ich so artig auf der Geige
spielen konnte. |70| Der alte grämliche Mann vom Schlos-
se fand sich dazu und verwunderte sich ebenfalls, endlich
kamen auch noch die Mägde, und Alles blieb oben voller
Verwunderung stehen, und ich fingerte und schwenkte
meinen Fidelbogen immer künstlicher und hurtiger und
spielte Kadenzen und Variationen, bis ich endlich ganz
müde wurde.

Das war nun aber doch ganz seltsam auf dem Schlosse! Kein Mensch dachte da ans Weiterreisen. Das Schloß
war auch gar kein Wirthshaus, sondern gehörte, wie ich
von der Magd erfuhr, einem reichen Grafen. Wenn ich
mich dann manchmal bei der Alten erkundigte, wie der

Graf heiße, wo er wohne? Da schmunzelte sie immer
bloß, wie den ersten Abend, da ich auf das Schloß kam,
und kniff und winkte mir so pfiffig mit den Augen zu, als
wenn sie nicht recht bei Sinne wäre. Trank ich einmal an
einem heißen Tage eine ganze Flasche Wein aus, so
kicherten die Mägde gewiß, wenn sie die andere brach-
ten, und als mich dann gar einmal nach einer Pfeife Tabak
verlangte, ich ihnen durch Zeichen beschrieb was ich
wollte, da brachen Alle in ein großes unvernünftiges Gelächter aus. – Am verwunderlichsten war mir eine Nachtmusik, die sich oft, und grade immer in den finstersten
Nächten unter meinem Fenster hören ließ. Es griff auf
einer Guitarre immer nur von Zeit zu Zeit einzelne, ganz
leise Klänge. Das einemal aber kam es mir vor, als wenn
es dabei von unten: „pst! pst!" herauf rief. Ich fuhr daher
geschwind aus dem Bett, und mit dem Kopf aus dem
Fenster. „Holla! heda! wer ist da drau|71|ßen?" rief ich
hinunter. Aber es antwortete Niemand, ich hörte nur
etwas sehr schnell durch die Gesträuche fortlaufen. Der
große Hund im Hofe schlug über meinem Lärm ein
paarmal an, dann war auf einmal alles wieder still, und die
Nachtmusik ließ sich seit dem nicht wieder vernehmen.

Sonst hatte ich hier ein Leben, wie sich's ein Mensch
nur immer in der Welt wünschen kann. Der gute Portier!
er wußte wohl was er sprach, wenn er immer zu sagen
pflegte, daß in Italien einem die Rosinen von selbst in den
Mund wüchsen. Ich lebte auf dem einsamen Schlosse wie
ein verwunschener Prinz. Wo ich hintrat, hatten die Leute
eine große Ehrerbietung vor mir, obgleich sie schon alle
wußten, daß ich keinen Heller in der Tasche hatte. Ich
durfte nur sagen: „Tischchen deck' Dich!" so standen auch

schon herrliche Speisen, Reis, Wein, Melonen und Par-
mesankäse da. Ich lies mir's wohlschmecken, schlief in
dem prächtigen Himmelbett, ging im Garten spazieren,
musizirte und half wohl auch manchmal in der Gärtnerei
nach. Oft lag ich auch Stundenlang im Garten im hohen
Grase, und der schmale Jüngling (es war ein Schüler und
Verwandter der Alten, der eben jetzt hier zur Vakanz war),
ging mit seinem langen Kaputrock in weiten Kreisen um
mich herum, und murmelte dabei, wie ein Zauberer, aus
seinem Buche, worüber ich dann auch jedesmal einschlummerte. – So verging ein Tag nach dem andern, bis
ich am Ende anfing, von dem guten Essen und Trinken
ganz melankolisch |72| zu werden. Die Glieder gingen mir
von dem ewigen Nichtsthun ordentlich aus allen Gelen-
ken, und es war mir, als würde ich vor Faulheit noch ganz
auseinander fallen.

   In dieser Zeit saß ich einmal an einem schwülen Nach-
mittage im Wipfel eines hohen Baumes, der am Abhange stand, und wiegte mich auf den Aesten langsam über
dem stillen, tiefen Thale. Die Bienen summten zwischen
den Blättern um mich herum, sonst war alles wie ausgestorben, kein Mensch war zwischen den Bergen zu sehen,
tief unter mir auf den stillen Waldwiesen ruhten die Kühe
auf dem hohen Grase. Aber ganz von weiten kam der
Klang eines Posthorns über die waldigen Gipfel herüber,
bald kaum vernehmbar, bald wieder heller und deutlicher.
Mir fiel dabei auf einmal ein altes Lied recht aufs Herz,
das ich noch zu Hause auf meines Vaters Mühle von
einem wandernden Handwerksburschen gelernt hatte,
und ich sang:

Wer in die Fremde will wandern,
Der muß mit der Liebsten gehn,
Es jubeln und lassen die Andern
Den Fremden alleine stehn.

Was wisset Ihr, dunkele Wipfeln
Von der alten schönen Zeit?
Ach, die Heimath hinter den Gipfeln,
Wie liegt sie von hier so weit.

Am liebsten betracht ich die Sterne,
Die schienen, wenn ich ging zu ihr,
Die Nachtigall hör' ich so gerne,
Sie sang vor der Liebsten Thür.

|73| Der Morgen, das ist meine Freude!
Da steig ich in stiller Stund'
Auf den höchsten Berg in die Weite,
Grüß Dich Deutschland aus Herzensgrund!

Es war, als wenn mich das Posthorn bei meinem Liede aus
der Ferne begleiten wollte. Es kam, während ich sang,
zwischen den Bergen immer näher und näher, bis ich es
endlich gar oben auf dem Schloßhofe schallen hörte. Ich
sprang rasch vom Baume herunter. Da kam mir auch
schon die Alte mit einem geöffneten Pakete aus dem
Schlosse entgegen. „Da ist auch etwas für sie mitgekom-
men," sagte sie, und reichte mir aus dem Paket ein kleines
niedliches Briefchen. Es war ohne Aufschrift, ich brach es
schnell auf. Aber da wurde ich auch auf einmal im ganzen
Gesichte so roth, wie eine Päonie, und das Herz schlug

mir so heftig, daß es die Alte merkte, denn das Briefchen
war von – meiner schönen Fraue, von der ich manches
Zettelchen bei dem Herrn Amtmann gesehen hatte. Sie
schrieb darin ganz kurz: „Es ist alles wieder gut, alle Hin-
dernisse sind beseitigt. Ich benutzte heimlich diese Ge-
legenheit, um die erste zu seyn, die Ihnen diese freudige
Botschaft schreibt. Kommen, eilen Sie zurück. Es ist so
öde hier und ich kann kaum mehr leben, seit Sie von uns
fort sind. Aurelie."

Die Augen gingen mir über, als ich das las, vor Entzücken und Schreck und unsäglicher Freude. Ich schämte mich vor dem alten Weibe, die mich wieder abscheu-
lich anschmunzelte, und flog wie ein Pfeil bis |74| in den
allereinsamsten Winkel des Gartens. Dort warf ich mich
unter den Haselnußsträuchern ins Gras hin, und las das
Briefchen noch einmal, sagte die Worte auswendig für
mich hin, und las dann wieder und immer wieder, und
die Sonnenstrahlen tanzten zwischen den Blättern hindurch über den Buchstaben, daß sie sich wie goldene und
hellgrüne und rothe Blüthen vor meinen Augen in einander schlangen. Ist sie am Ende gar nicht verheirathet gewesen? dachte ich, war der fremde Offizier damals vielleicht ihr Herr Bruder, oder ist er nun todt, oder bin ich
toll, oder – „Das ist alles einerlei!" rief ich endlich und
sprang auf, „nun ist's ja klar, sie liebt mich ja, sie liebt
mich!"

Als ich aus dem Gesträuch wieder hervor kroch, neigte
sich die Sonne zum Untergange. Der Himmel war roth,
die Vögel sangen lustig in allen Wäldern, die Thäler
waren voller Schimmer, aber in meinem Herzen war es
noch viel tausendmal schöner und fröhlicher!

Ich rief in das Schloß hinein, daß sie mir heut das
Abendessen in den Garten herausbringen sollten. Die alte
Frau, der alte grämliche Mann, die Mägde, sie mußten alle
mit heraus und sich mit mir unter dem Baume an den
gedeckten Tisch setzen. Ich zog meine Geige hervor und
spielte und aß und trank dazwischen. Da wurden sie alle
lustig, der alte Mann strich seine grämlichen Falten aus
dem Gesicht und stieß ein Glas nach dem andern aus, die
Alte plauderte in einem fort, Gott weiß was; die Mägde
fingen |75| an auf dem Rasen mit einander zu tanzen. Zu-
letzt kam auch noch der blasse Student neugierig hervor,
warf einige verächtliche Blicke auf das Spektakel, und
wollte ganz vornehm wieder weiter gehen. Ich aber nicht
zu faul, sprang geschwind auf, erwischte ihn, eh' er sich's
versah, bei seinem langen Ueberrock, und walzte tüchtig
mit ihm herum. Er strengte sich nun an, recht zierlich und
neumodisch zu tanzen, und füßelte so emsig und künstlich, daß ihm der Schweiß vom Gesicht herunterfloß und
die langen Rockschöße wie ein Rad um uns herum flogen.
Dabei sah er mich aber manchmal so kurios mit verdreh-
ten Augen an, daß ich mich ordentlich vor ihm zu fürchten anfing und ihn plötzlich wieder los ließ.

Die Alte hätte nun gar zu gern erfahren, was in dem
Briefe stand, und warum ich denn eigentlich heut' auf
einmal so lustig war. Aber das war ja viel zu weitläuftig,
um es ihr auseinandersetzen zu können. Ich zeigte blos
auf ein paar Kraniche, die eben hoch über uns durch die
Luft zogen, und sagte: „ich müßte nun auch so fort und
immer fort, weit in die Ferne!" – Da riß sie die vertrockneten Augen weit auf, und blickte, wie ein Basilisk, bald
auf mich, bald auf den alten Mann hinüber. Dann be-

merkte ich, wie die beiden heimlich die Köpfe zusammensteckten, so oft ich mich wegwandte, und sehr eifrig miteinander sprachen, und mich dabei zuweilen von der Seite ansahen.

Das fiel mir auf. Ich sann hin und her, was sie wohl mit mir vorhaben möchten. Darüber wurde ich |76| stiller, die Sonne war auch schon lange untergegangen, und so wünschte ich Allen gute Nacht und ging nachdenklich in meine Schlafstube hinauf.

Ich war innerlich so fröhlich und unruhig, daß ich noch lange im Zimmer auf und niederging. Draußen wälzte der Wind schwere schwarze Wolken über den Schloßthurm weg, man konnte kaum die nächsten Bergkoppen in der dicken Finsterniß erkennen. Da kam es mir vor, als wenn ich im Garten unten Stimmen hörte. Ich löschte mein Licht aus, und stellte mich ans Fenster. Die Stimmen schienen näher zu kommen, sprachen aber sehr leise mit einander. Auf einmal gab eine kleine Laterne, welche die eine Gestalt unterm Mantel trug, einen langen Schein. Ich erkannte nun den grämlichen Schloßverwalter und die alte Haushälterin. Das Licht blitzte über das Gesicht der Alten, das mir noch niemals so gräßlich vorgekommen war, und über ein langes Messer, das sie in der Hand hielt. Dabei konnte ich sehen, daß sie beide eben nach meinem Fenster hinaufsahen. Dann schlug der Verwalter seinen Mantel wieder dichter um, und es war bald Alles wieder finster und still.

Was wollen die, dachte ich, zu dieser Stunde noch draußen im Garten? Mich schauderte, denn es fielen mir alle Mordgeschichten ein, die ich in meinem Leben gehört hatte, von Hexen und Räubern, welche Menschen

abschlachten, um ihre Herzen zu fressen. Indem ich noch
so nachdenke, kommen Menschentritte, erst die Treppe
herauf, dann auf dem langen Gange ganz leise, |77| leise
auf meine Thüre zu, dabei war es, als wenn zuweilen
Stimmen heimlich mit einander wisperten. Ich sprang
schnell an das andere Ende der Stube hinter einen großen
Tisch, den ich, sobald sich etwas rührte, vor mir aufheben,
und so mit aller Gewalt auf die Thüre losrennen wollte.
Aber in der Finsterniß warf ich einen Stuhl um, daß es ein
entsetzliches Gepolter gab. Da wurde es auf einmal ganz
still draußen. Ich lauschte hinter dem Tisch und sah
immerfort nach der Thür, als wenn ich sie mit den Augen
durchstechen wollte, daß mir ordentlich die Augen zum
Kopfe heraus standen. Als ich mich ein Weilchen wieder
so ruhig verhalten hatte, daß man die Fliegen an der Wand
hätte gehen hören, vernahm ich, wie Jemand von draußen
ganz leise einen Schlüssel ins Schlüsselloch steckte[.] Ich
wollte nun eben mit meinem Tische losfahren, da drehte
es den Schlüssel langsam dreimal in der Thür um, zog ihn
vorsichtig wieder heraus und schnurrte dann sachte über
den Gang und die Treppe hinunter.

Ich schöpfte nun tief Athem. Oho, dachte ich, da haben
sie Dich eingesperrt, damit sie's kommode haben, wenn
ich erst fest eingeschlafen bin. Ich untersuchte geschwind
die Thür. Es war richtig, sie war fest verschlossen, eben so
die andere Thür, hinter der die hübsche bleiche Magd
schlief. Das war noch niemals geschehen, so lange ich auf
dem Schlosse wohnte.

Da saß ich nun in der Fremde gefangen! Die schöne
Frau stand nun wohl an ihrem Fenster und sah über den
stillen Garten nach der Landstraße hinaus |78| ob ich nicht

schon am Zollhäuschen mit meiner Geige dahergestri-
chen komme, die Wolken flogen rasch über den Himmel,
die Zeit verging – und ich konnte nicht fort von hier! Ach,
mir war so weh im Herzen, ich wußte gar nicht mehr, was
ich thun sollte. Dabei war mir's auch immer, wenn die
Blätter draußen rauschten, oder eine Ratte am Boden
knosperte, als wäre die Alte durch eine verborgene Ta-
petenthür heimlich hereingetreten und lauere und schlei-
che leise mit dem langen Messer durch's Zimmer.

Als ich so voll Sorgen auf dem Bette saß, hörte ich auf
einmal seit langer Zeit wieder die Nachtmusik unter
meinen Fenstern. Bei dem ersten Klange der Guitarre war
es mir nicht anders, als wenn mir ein Morgenstrahl plötzlich durch die Seele führe. Ich riß das Fenster auf und rief
leise herunter, daß ich wach sey. „Pst, pst!" antwortete es
von unten. Ich besann mich nun nicht lange, steckte das
Briefchen und meine Geige zu mir, schwang mich aus
dem Fenster, und kletterte an der alten, zersprungenen
Mauer hinab, indem ich mich mit den Händen an den
Sträuchern, die aus den Ritzen wuchsen, anhielt. Aber
einige morsche Ziegel gaben nach, ich kam ins Rutschen,
es ging immer rascher und rascher mit mir, bis ich endlich
mit beiden Füßen aufplumpte, daß mir's im Gehirnkasten
knisterte.

Kaum war ich auf diese Art unten im Garten angekommen, so umarmte mich Jemand mit solcher Ve-
hemenz, daß ich laut aufschrie. Der gute Freund aber |79|
hielt mir schnell die Finger auf den Mund, faßte mich bei
der Hand und führte mich dann aus dem Gesträuch ins
Freie hinaus. Da erkannte ich mit Verwunderung den
guten langen Studenten, der die Guitarre an einem brei-

ten, seidenen Bande um den Hals hängen hatte. – Ich beschrieb ihm nun in größter Geschwindigkeit, daß ich aus
dem Garten hinaus wollte. Er schien aber das alles schon
lange zu wissen, und führte mich auf allerlei verdeckten
Umwegen zu dem untern Thore in der hohen Gartenmauer. Aber da war nun auch das Thor wieder fest verschlossen! Doch der Student hatte auch das schon vor-
bedacht, er zog einen großen Schlüssel hervor und schloß
behutsam auf.

Als wir nun in den Wald hinaustraten und ich ihn eben
noch um den besten Weg zur nächsten Stadt fragen wollte, stürzte er plötzlich vor mir auf ein Knie nieder, hob die
eine Hand hoch in die Höh, und fing an zu fluchen und
an zu schwören, daß es entsetzlich anzuhören war. Ich
wußte gar nicht, was er wollte, ich hörte nur immerfort:
Idio und cuore und amore und furore! Als er aber am Ende
gar anfing, auf beiden Knien schnell und immer näher auf
mich zuzurutschen, da wurde mir auf einmal ganz grauslich, ich merkte wohl, daß er verrückt war, und rannte,
ohne mich umzusehen, in den dicksten Wald hinein.

Ich hörte nun den Studenten wie rasend hinter mir
drein schreien. Bald darauf gab noch eine andere grobe
Stimme vom Schlosse her Antwort. Ich dachte mir nun
wohl, daß sie mich aufsuchen würden. Der |80| Weg war
mir unbekannt, die Nacht finster, ich konnte ihnen leicht
wieder in die Hände fallen. Ich kletterte daher auf den
Wipfel einer hohen Tanne hinauf, um bessere Gelegen-
heit abzuwarten.

Von dort konnte ich hören, wie auf dem Schloße eine
Stimme nach der andern wach wurde. Einige Windlichter zeigten sich oben und warfen ihre wilden rothen

Scheine über das alte Gemäuer des Schlosses und weit
vom Berge in die schwarze Nacht hinein. Ich befahl
meine Seele dem lieben Gott, denn das verworrene Getümmel wurde immer lauter und näherte sich immer
mehr und mehr. Endlich stürzte der Student mit einer
Fackel unter meinem Baume vorüber, daß ihm die
Rockschöße weit im Winde nachflogen. Dann schienen
sie sich alle nach und nach auf eine andere Seite des Berges
hinzuwenden, die Stimmen schallten immer ferner und
ferner, und der Wind rauschte wieder durch den stillen
Wald. Da stieg ich schnell von dem Baume herab, und lief
athemlos weiter in das Thal und die Nacht hinaus.

———————

Siebentes Kapitel.

Ich war Tag und Nacht eilig fortgegangen, denn es saußte
mir lange in den Ohren, als kämen die von dem Berge mit
ihrem Rufen, mit Fackeln und langen Messern noch
immer hinter mir drein. Unterwegs erfuhr ich, daß ich
nur noch ein paar Meilen von Rom wäre. Da erschrack
ich ordentlich vor Freude. Denn von dem |81| prächtigen
Rom hatte ich schon zu Hause als Kind viele wunderbare
Geschichten gehört, und wenn ich dann an Sonntags-
Nachmittagen vor der Mühle im Grase lag und alles ringsum so stille war, da dachte ich mir Rom wie die ziehen-
den Wolken über mir, mit wundersamen Bergen und
Abgründen am blauen Meer, und goldnen Thoren und
hohen glänzenden Thürmen, von denen Engel in goldenen Gewändern sangen. – Die Nacht war schon wieder
lange hereingebrochen, und der Mond schien prächtig, als
ich endlich auf einem Hügel aus dem Walde heraustrat,
und auf einmal die Stadt in der Ferne vor mir sah. – Das
Meer leuchtete von weiten, der Himmel blitzte und
funkelte unübersehbar mit unzähligen Sternen, darunter
lag die heilige Stadt, von der man nur einen langen Nebel-
streif erkennen konnte, wie ein eingeschlafner Löwe auf
der stillen Erde, und Berge standen daneben, wie dunkle
Riesen, die ihn bewachten.

Ich kam nun zuerst auf eine große, einsame Haide, auf
der es so grau und still war, wie im Grabe. Nur hin und

her stand ein altes verfallenes Gemäuer oder ein trocke-
ner wunderbar gewundener Strauch; manchmal schwirr-
ten Nachtvögel durch die Luft, und mein eigener Schatten strich immerfort lang und dunkel in der Einsamkeit
neben mir her. Sie sagen, daß hier eine uralte Stadt und
die Frau Venus begraben liegt, und die alten Heiden zuweilen noch aus ihren Gräbern heraufsteigen und bei
stiller Nacht über die Haide gehn und die Wanderer ver-
wirren. Aber ich ging immer |82| grade fort und ließ mich
nichts anfechten. Denn die Stadt stieg immer deutlicher
und prächtiger vor mir herauf, und die hohen Burgen und
Thore und goldenen Kuppeln glänzten so herrlich im
hellen Mondschein, als ständen wirklich die Engel in goldenen Gewändern auf den Zinnen und sängen durch die
stille Nacht herüber.

So zog ich denn endlich, erst an kleinen Häusern vorbei, dann durch ein prächtiges Thor in die berühmte Stadt
Rom hinein. Der Mond schien zwischen den Pallästen,
als wäre es heller Tag, aber die Straßen waren schon alle
leer, nur hin und wieder lag ein lumpiger Kerl, wie ein
Toder, in der lauen Nacht auf den Marmorschwellen und
schlief. Dabei rauschten die Brunnen auf den stillen Plät-
zen, und die Gärten an der Straße säuselten dazwischen
und erfüllten die Luft mit erquickenden Düften.

Wie ich nun eben so weiter fort schlendere, und vor
Vergnügen, Mondschein und Wohlgeruch gar nicht weiß,
wohin ich mich wenden soll, läßt sich tief aus dem einen
Garten eine Guitarre hören. Mein Gott, denk' ich, da ist
mir wohl der tolle Student mit dem langen Ueberrock
heimlich nachgesprungen! Darüber fing eine Dame in
dem Garten an überaus lieblich zu singen. Ich stand ganz

wie bezaubert, denn es war die Stimme der schönen
gnädigen Frau, und dasselbe welsche Liedchen, das sie gar
oft zu Hause am offnen Fenster gesungen hatte.

Da fiel mir auf einmal die schöne alte Zeit mit |83| sol-
cher Gewalt auf's Herz, daß ich bitterlich hätte weinen
mögen, der stille Garten vor dem Schloß in früher Morgenstunde, und wie ich da hinter dem Strauch so glück-
seelig war, ehe mir die dumme Fliege in die Nase flog. Ich
konnte mich nicht länger halten. Ich kletterte auf den
vergoldeten Zierrathen über das Gitterthor, und schwang
mich in den Garten hinunter, woher der Gesang kam. Da
bemerkte ich, daß eine schlanke weiße Gestalt von fern
hinter einer Pappel stand und mir erst verwundert zusah,
als ich über das Gitterwerk kletterte, dann aber auf einmal
so schnell durch den dunklen Garten nach dem Hause
zuflog, daß man sie im Mondschein kaum füßeln sehen
konnte. „Das war sie selbst!" rief ich aus, und das Herz
schlug mir vor Freude, denn ich erkannte sie gleich an den
kleinen, geschwinden Füßchen wieder. Es war nur
schlimm, daß ich mir beim Herunterspringen vom Gar-
tenthore den rechten Fuß etwas vertreten hatte, ich mußte
daher erst ein paarmal mit dem Beine schlenkern, eh' ich
zu dem Hause nachspringen konnte. Aber da hatten sie
unterdeß Thür und Fenster fest verschlossen. Ich klopfte
ganz bescheiden an, horchte und klopfte wieder. Da war
es nicht anders, als wenn es drinnen leise flüsterte und
kicherte, ja einmal kam es mir vor, als wenn zwei helle
Augen zwischen den Jalousien im Mondschein her-
vorfunkelten. Dann war auf einmal wieder alles still.

„Sie weiß nur nicht, daß ich es bin," dachte ich, zog die
Geige, die ich allzeit bei mir trage, hervor, |84| spazierte

damit auf dem Gange vor dem Hause auf und nieder, und
spielte und sang das Lied von der schönen Frau, und spielte voll Vergnügen alle meine Lieder durch, die ich damals
in den schönen Sommernächten im Schloßgarten, oder auf
der Bank vor dem Zollhause gespielt hatte, daß es weit bis
in die Fenster des Schlosses hinüber klang. – Aber es half
alles nichts, es rührte und regte sich Niemand im ganzen
Hause. Da steckte ich endlich meine Geige traurig ein, und
legte mich auf die Schwelle vor der Hausthür hin, denn ich
war sehr müde von dem langen Marsch. Die Nacht war
warm, die Blumenbeete vor dem Hause dufteten lieblich,
eine Wasserkunst weiter unten im Garten plätscherte
immerfort dazwischen. Mir träumte von himmelblauen
Blumen, von schönen, dunkelgrünen, einsamen Gründen,
wo Quellen rauschten und Bächlein gingen, und bunte
Vögel wunderbar sangen, bis ich endlich fest einschlief.

Als ich aufwachte, rieselte mir die Morgenluft durch
alle Glieder. Die Vögel waren schon wach und zwitscher-
ten auf den Bäumen um mich herum, als ob sie mich für'n
Narren haben wollten. Ich sprang rasch auf und sah mich
nach allen Seiten um. Die Wasserkunst im Garten rauschte noch immerfort, aber in dem Hause war kein Laut zu
vernehmen. Ich guckte durch die grünen Jalousien in das
eine Zimmer hinein. Da war ein Sopha, und ein großer
runder Tisch mit grauer Leinwand verhangen, die Stühle
standen alle in großer Ordnung und unverrückt an den
Wänden herum; von |85| außen aber waren die Jalousien
an allen Fenstern heruntergelassen, als wäre das ganze
Haus schon seit vielen Jahren unbewohnt. – Da überfiel
mich ein ordentliches Grausen vor dem einsamen Hause
und Garten und vor der gestrigen weißen Gestalt. Ich lief,

ohne mich weiter umzusehen, durch die stillen Lauben und Gänge, und kletterte geschwind wieder an dem Gartenthor hinauf. Aber da blieb ich wie verzaubert sitzen, als ich auf einmal von dem hohen Gitterwerk in die prächtige Stadt hinunter sah. Da blitzte und funkelte die Morgensonne weit über die Dächer und in die langen stillen Straßen hinein, daß ich laut aufjauchzen mußte, und voller Freude auf die Straße hinunter sprang.

Aber wohin sollt' ich mich wenden in der großen fremden Stadt? Auch ging mir die konfuse Nacht und das welsche Lied der schönen gnädigen Frau von gestern noch immer im Kopfe hin und her. Ich setzte mich endlich auf den steinernen Springbrunnen, der mitten auf dem einsamen Platze stand, wusch mir in dem klaren Wasser die Augen hell und sang dazu:

> Wenn ich ein Vöglein wär',
> Ich wüßt' wohl, wovon ich sänge,
> Und auch zwei Flüglein hätt',
> Ich wüßt' wohl, wohin ich mich schwänge!

„Ey, lustiger Gesell, du singst ja wie eine Lerche beim ersten Morgenstrahl!" sagte da auf einmal ein junger Mann zu mir, der während meines Liedes an den Brunnen heran getreten war. Mir aber, da ich so |86| unverhofft Deutsch sprechen hörte, war es nicht anders im Herzen, als wenn die Glocke aus meinem Dorfe am stillen Sonntagsmorgen plötzlich zu mir herüber klänge. „Gott, willkommen, bester Herr Landsmann!" rief ich aus und sprang voller Vergnügen von dem steinernen Brunnen herab. Der junge Mann lächelte und sah mich von oben

bis unten an. „Aber was treibt Ihr denn eigentlich hier in
Rom?" fragte er endlich. Da wußte ich nun nicht gleich,
was ich sagen sollte, denn daß ich so eben der schönen
gnädigen Frau nachspränge, mocht' ich ihm nicht sagen.
„Ich treibe," erwiederte ich, „mich selbst ein bischen herum, um die Welt zu sehn." – „So so!" versetzte der junge
Mann und lachte laut auf, „da haben wir ja *ein* Metier. Das
thu' ich eben auch, um die Welt zu sehn, und hinterdrein
abzumalen." – „Also ein Maler!" rief ich fröhlich aus, denn
mir fiel dabei Herr Leonhard und Guido ein. Aber der
Herr ließ mich nicht zu Worte kommen. „Ich denke,"
sagte er, „Du gehst mit und frühstückst bei mir, da will ich
Dich selbst abkonterfeyen, daß es eine Freude seyn soll!"
– Das ließ ich mir gern gefallen, und wanderte nun mit
dem Maler durch die leeren Straßen, wo nur hin und
wieder erst einige Fensterladen aufgemacht wurden und
bald ein paar weiße Arme, bald ein verschlafnes Gesichtchen in die frische Morgenluft hinausguckte.

Er führte mich lange hin und her durch eine Menge
konfuser enger und dunkler Gassen, bis wir endlich in ein
altes verräuchertes Haus hineinwuschten. |87| Dort stiegen
wir eine finstre Treppe hinauf, dann wieder eine, als wenn
wir in den Himmel hineinsteigen wollten. Wir standen
nun unter dem Dache vor einer Thür still, und der Maler
fing an in allen Taschen vorn und hinten mit großer Eilfertigkeit zu suchen. Aber er hatte heute früh vergessen zu-
zuschließen und den Schlüssel in der Stube gelassen.
Denn er war, wie er mir unterweges erzählte, noch vor
Tagesanbruch vor die Stadt hinausgegangen, um die Gegend bei Sonnenaufgang zu betrachten. Er schüttelte nur
mit dem Kopfe und stieß die Thüre mit dem Fuße auf.

Das war eine lange, lange große Stube, daß man darin hätte tanzen können, wenn nur nicht auf dem Fußboden alles voll gelegen hätte. Aber da lagen Stiefeln, Papiere, Kleider, umgeworfene Farbentöpfe, alles durcheinander;

5 in der Mitte der Stube standen große Gerüste, wie man zum Birnenabnehmen braucht, ringsum an der Wand waren große Bilder angelehnt. Auf einem langen hölzernen Tische war eine Schüssel, worauf, neben einem Farbenkleckse, Brod und Butter lag. Eine Flasche Wein stand

10 daneben.

„Nun eß't und trinkt erst, Landsmann!" rief mir der Maler zu. – Ich wollte mir auch sogleich ein Paar Butterschnitten schmieren, aber da war wieder kein Messer da. Wir mußten erst lange in den Papieren auf dem Tische

15 herumrascheln, ehe wir es unter einem großen Pakete endlich fanden. Darauf riß der Maler das Fenster auf, daß die frische Morgenluft fröhlich das ganze Zimmer durchdrang. Das war |88| eine herrliche Aussicht weit über die Stadt weg in die Berge hinein, wo die Morgensonne lustig

20 die weißen Landhäuser und Weingärten beschien. – „Vivat unser kühlgrünes Deutschland da hinter den Bergen!" rief der Maler aus und trank dazu aus der Weinflasche, die er mir dann hinreichte. Ich that ihm höflich Bescheid, und grüßte in meinem Herzen die schöne

25 Heimath in der Ferne noch viel tausendmal.

Der Maler aber hatte unterdeß das hölzerne Gerüst, worauf ein sehr großes Papier aufgespannt war, näher an das Fenster herangerückt. Auf dem Papiere war bloß mit großen schwarzen Strichen eine alte Hütte gar künstlich

30 abgezeichnet. Darin saß die heilige Jungfrau mit einem überaus schönen, freudigen und doch recht wehmüthigen

Gesichte. Zu ihren Füßen auf einem Nestlein von Stroh
lag das Jesuskind, sehr freundlich, aber mit großen ernst-
haften Augen. Draußen auf der Schwelle der offnen Hütte
aber knieten zwei Hirten-Knaben mit Stab und Tasche. –
„Siehst Du," sagte der Maler, „dem einen Hirtenknaben
da will ich Deinen Kopf aufsetzen, so kommt Dein Gesicht doch auch etwas unter die Leute, und will's Gott,
sollen sie sich daran noch erfreuen, wenn wir beide schon
lange begraben sind und selbst so still und fröhlich vor der
heiligen Mutter und ihrem Sohne knien, wie die glücklichen Jungen hier." – Darauf ergriff er einen alten Stuhl,
von dem ihm aber, da er ihn aufheben wollte, die halbe
Lehne in der Hand blieb. Er paßte ihn geschwind wieder
zusammen, schob ihn vor |89| das Gerüst hin, und ich
mußte mich nun darauf setzen und mein Gesicht etwas
von der Seite, nach dem Maler zu, wenden. – So saß ich
ein paar Minuten ganz still, ohne mich zu rühren. Aber
ich weiß nicht, zuletzt konnt' ich's gar nicht recht aushalten, bald juckte mich's da, bald juckte mich's dort. Auch
hing mir grade gegenüber ein zerbrochner halber Spiegel,
da mußt ich immerfort hineinsehn, und machte, wenn er
eben malte, aus Langeweile allerlei Gesichter und Grimassen. Der Maler, der es bemerkte, lachte endlich laut auf
und winckte mir mit der Hand, daß ich wieder aufstehen
sollte. Mein Gesicht auf dem Hirten war auch schon fertig, und sah so klar aus, daß ich mir ordentlich selber
gefiel.

Er zeichnete nun in der frischen Morgenkühle immer
fleißig fort, während er ein Liedchen dazu sang und
zuweilen durch das offne Fenster in die prächtige Gegend
hinausblickte. Ich aber schnitt mir unterdeß noch eine

Butterstolle und ging damit vergnügt im Zimmer auf und
ab und besah mir die Bilder, die an der Wand aufgestellt
waren. Zwei darunter gefielen mir ganz besonders gut.
„Habt Ihr die auch gemalt?" frug ich den Maler. „Warum
5 nicht gar!" erwiederte er, „die sind von den berühmten
Meistern Leonardo da Vinci und Guido Reni – aber da
weißt Du ja doch nichts davon!" – Mich ärgerte der Schluß
der Rede. „O," versetzte ich ganz gelassen, „die beiden
Meister kenne ich wie meine eigne Tasche." – Da machte
10 er große Augen. „Wie so?" frug er geschwind. „Nun," |90|
sagte ich, „bin ich nicht mit ihnen Tag und Nacht fortge-
reißt, zu Pferde und zu Fuß und zu Wagen, daß mir der
Wind am Hute pfiff, und hab' sie alle beide in der Schen-
ke verlohren, und bin dann allein in ihrem Wagen mit
15 Extrapost immer weiter gefahren, daß der Bombenwagen
immerfort auf zwei Rädern über die entsetzlichen Steine
flog, und" – „Oho! Oho!" unterbrach mich der Maler, und
sah mich starr an, als wenn er mich für verrückt hielte.
Dann aber brach er plötzlich in ein lautes Gelächter aus.
20 „Ach," rief er, „nun versteh' ich erst, Du bist mit zwei
Malern gereist, die Guido und Leonhard hießen?" – Da
ich das bejahte, sprang er rasch auf und sah mich nochmals
von oben bis unten ganz genau an. „Ich glaube gar," sagte
er, „am Ende – spielst Du die Violine?" – Ich schlug auf
25 meine Rocktasche, daß die Geige darin einen Klang gab.
– „Nun wahrhaftig," versetzte der Maler, „da war eine
Gräfin aus Deutschland hier, die hat sich in allen Winkeln
von Rom nach den beiden Malern und nach einem
jungen Musikanten mit der Geige erkundigen lassen." –
30 „Eine junge Gräfin aus Deutschland?" rief ich voller
Entzücken aus, „ist der Portier mit?" – „Ja das weiß ich

alles nicht," erwiederte der Maler, „ich sah sie nur einigemal bei einer Freundin von ihr, die aber auch nicht in der
Stadt wohnt. – Kennst Du die?" fuhr er fort, indem er in
einem Winkel plötzlich eine Leinwanddecke von einem
großen Bilde in die Höhe hob. Da war mir's doch nicht
anders, als wenn man in einer fin|91|stern Stube die Lade
aufmacht und einem die Morgensonne auf einmal über
die Augen blitzt, es war – die schöne gnädige Frau! – sie
stand in einem schwarzen Sammt-Kleide im Garten, und
hob mit der einen Hand den Schleier vom Gesicht und sah
still und freundlich in eine weite prächtige Gegend hinaus.
Je länger ich hinsah, je mehr kam es mir vor, als wäre es
der Garten am Schlosse, und die Blumen und Zweige
wiegten sich leise im Winde, und unten in der Tiefe sähe
ich mein Zollhäuschen und die Landstraße weit durchs
Grüne, und die Donau und die fernen blauen Berge.

„Sie ist's, sie ist's"! rief ich endlich, erwischte meinen
Hut, und rannte rasch zur Thür hinaus, die vielen Treppen
hinunter, und hörte nur noch, daß mir der verwunderte
Maler nachschrie, ich sollte gegen Abend wieder kommen,
da könnten wir vielleicht mehr erfahren!

————

ACHTES KAPITEL.

Ich lief mit großer Eilfertigkeit durch die Stadt, um mich
sogleich wieder in dem Gartenhause zu melden, wo die
schöne Frau gestern Abend gesungen hatte. Auf den
Straßen war unterdeß alles lebendig geworden, Herren
und Damen zogen im Sonnenschein und neigten sich und
grüßten bunt durcheinander, prächtige Karossen rasselten
dazwischen, und von allen Thürmen |92| läutete es zur
Messe, daß die Klänge über dem Gewühle wunderbar in
der klaren Luft durcheinander hallten. Ich war wie betrunken von Freude und von dem Rumor, und rannte in
meiner Fröhlichkeit immer grade fort, bis ich zuletzt gar
nicht mehr wußte, wo ich stand. Es war wie verzaubert,
als wäre der stille Platz mit dem Brunnen, und der Garten,
und das Haus bloß ein Traum gewesen, und beim hellen
Tageslicht alles wieder von der Erde verschwunden.

Fragen konnte ich nicht, denn ich wußte den Namen
des Platzes nicht. Endlich fing es auch an sehr schwül zu
werden, die Sonnenstrahlen schossen recht wie sengende
Pfeile auf das Pflaster, die Leute verkrochen sich in die
Häuser, die Jalousien wurden überall wieder zugemacht,
und es war auf einmal wie ausgestorben auf den Straßen.
Ich warf mich zuletzt ganz verzweifelt vor einem großen
schönen Hause hin, vor dem ein Balkon mit Säulen
breiten Schatten warf, und betrachtete bald die stille Stadt,
die in der plötzlichen Einsamkeit bei heller Mittagstunde

ordentlich schauerlich aussah, bald wieder den tiefblauen,
ganz wolkenlosen Himmel, bis ich endlich vor großer
Ermüdung gar einschlummerte. Da träumte mir, ich läge
bei meinem Dorfe auf einer einsamen grünen Wiese, ein
warmer Sommerregen sprühte und glänzte in der Sonne,
die so eben hinter den Bergen unterging, und wie die
Regentropfen auf den Rasen fielen, waren es lauter schöne
bunte Blumen, so daß ich davon ganz überschüttet war.

|93| Aber wie erstaunte ich, als ich erwachte, und wirk-
lich eine Menge schöner frischer Blumen auf und neben
mir liegen sah! Ich sprang auf, konnte aber nichts besonderes bemerken, als bloß in dem Hause über mir ein
Fenster ganz oben voll von duftenden Sträuchen und Blumen, hinter denen ein Papagey unablässig plauderte und
kreischte. Ich las nun die zerstreuten Blumen auf, band sie
zusammen und steckte mir den Strauß vorn ins Knopfloch. Dann aber fing ich an, mit dem Papagey ein wenig
zu diskuriren, denn es freute mich, wie er in seinem vergoldeten Gebauer mit allerlei Grimassen herauf und
herunter stieg und sich dabei immer ungeschickt über die
große Zehe trat. Doch ehe ich mich's versah, schimpfte er
mich „furfante!" Wenn es gleich eine unvernünftige Bestie
war, so ärgerte es mich doch. Ich schimpfte ihn wieder,
wir geriethen endlich beide in Hitze, je mehr ich auf
Deutsch schimpfte, je mehr gurgelte er auf italienisch wieder auf mich los.

Auf einmal hörte ich Jemanden hinter mir lachen. Ich
drehte mich rasch um. Es war der Maler von heute früh.
„Was stellst Du wieder für tolles Zeug an!" sagte er, „ich
warte schon eine halbe Stunde auf Dich. Die Luft ist wieder
kühler, wir wollen in einen Garten vor der Stadt gehen, da

wirst Du mehrere Landsleute finden und vielleicht etwas
näheres von der deutschen Gräfin erfahren."

Darüber war ich außerordentlich erfreut, und wir
traten unsern Spaziergang sogleich an, während ich |94|
den Papagey noch lange hinter mir drein schimpfen hörte.

Nachdem wir draußen vor der Stadt auf schmalen
steinigten Fußsteigen lange zwischen Landhäusern und
Weingärten hinaufgestiegen waren, kamen wir an einen
kleinen hochgelegenen Garten, wo mehrere junge Männer und Mädchen im Grünen um einen runden Tisch
saßen. Sobald wir hinein traten, winkten uns alle zu, uns
still zu verhalten, und zeigten auf die andere Seite des
Gartens hin. Dort saßen in einer großen, grünverwachse-
nen Laube zwei schöne Frauen an einem Tisch einander
gegenüber. Die eine sang, die andere spielte Guitarre dazu. Zwischen beiden hinter dem Tische stand ein freund-
licher Mann, der mit einem kleinen Stäbchen zuweilen
den Takt schlug. Dabei funkelte die Abendsonne durch
das Weinlaub, bald über die Weinflaschen und Früchte,
womit der Tisch in der Laube besetzt war, bald über die
vollen, runden, blendendweißen Achseln der Frau mit der
Guitarre. Die andere war wie verzückt und sang auf italienisch ganz außerordentlich künstlich, daß ihr die Flechsen am Halse aufschwollen.

Wie sie nun so eben, mit zum Himmel gerichteten
Augen, eine lange Kadenz anhielt und der Mann neben
ihr mit aufgehobenem Stäbchen auf den Augenblick
paßte, wo sie wieder in den Takt einfallen würde, und
keiner im ganzen Garten zu athmen sich unterstand, da
flog plötzlich die Gartenthüre weit auf, und ein ganz
erhitztes Mädchen und hinter ihr ein junger |95| Mensch

mit einem feinen, bleichen Gesicht stürzten in großem
Gezänke herein. Der erschrockene Musikdirektor blieb
mit seinem aufgehobenen Stabe wie ein versteinerter
Zauberer stehen, obgleich die Sängerin schon längst den
langen Triller plötzlich abgeschnappt hatte, und zornig
aufgestanden war. Alle übrigen zischten den Neuange-
kommenen wüthend an. „Barbar!" rief ihm einer von dem
runden Tische zu, „Du rennst da mitten in das sinnreiche
Tableau von der schönen Beschreibung hinein, welche der
seelige Hoffmann, Seite 347 des „Frauentaschenbuchs für
1816", von dem schönsten Hummelschen Bilde giebt, das
im Herbst 1814 auf der Berliner Kunstausstellung zu sehen
war!" – Aber das half alles nichts. „Ach was!" entgegnete
der junge Mann, „mit Euren Tableau's von Tableaus! Mein
selbst erfundenes Bild für die andern, und mein Mädchen
für mich allein! So will ich es halten! O Du Ungetreue,
Du Falsche!" fuhr er dann von neuem gegen das arme
Mädchen fort, „Du kritische Seele, die in der Malerkunst
nur den Silberblick, und in der Dichtkunst nur den goldenen Faden sucht, und keinen Liebsten, sondern nur lauter
Schätze hat! Ich wünsche Dir hinführo, anstatt eines ehrli-
chen malerischen Pinsels, einen alten Duca mit einer ganzen Münzgrube von Diamanten auf der Nase, und mit
hellen Silberblick auf der kahlen Platte, und mit Gold-
schnitt auf den paar noch übrigen Haaren! Ja nur heraus
mit dem verruchten Zettel, den Du da vorhin vor |96| mir
versteckt hast! Was hast Du wieder angezettelt? Von wem
ist der Wisch, und an wen ist er?"

Aber das Mädchen sträubte sich standhaft, und je eifri-
ger die Anderen den erboßten jungen Menschen um-
gaben und ihn mit großem Lärm zu trösten und zu

beruhigen suchten, desto erhitzter und toller wurde er
von dem Rumor, zumal da das Mädchen auch ihr Mäul-
chen nicht halten konnte, bis sie endlich weinend aus dem
verworrenen Knäuel hervorflog, und sich auf einmal ganz
unverhofft an meine Brust stürzte, um bei mir Schutz zu
suchen. Ich stellte mich auch sogleich in die gehörige
Positur, aber da die Andern in dem Getümmel so eben
nicht auf uns Acht gaben, kehrte sie plötzlich das Köpfchen nach mir herauf und flüsterte mir mit ganz ruhigem
Gesicht sehr leise und schnell ins Ohr: „Du abscheulicher
Einnehmer! um Dich muß ich das alles leiden. Da steck'
den fatalen Zettel geschwind zu Dir, Du findest darauf
bemerkt, wo wir wohnen. Also zur bestimmten Stunde,
wenn Du in's Thor kommst, immer die einsame Straße
rechts fort! –"

Ich konnte vor Verwunderung kein Wort hervorbrin-
gen, denn wie ich sie nun erst recht ansah, erkannte ich
sie auf einmal: es war wahrhaftig die schnippische Kammerjungfer vom Schloß, die mir damals an dem schönen
Samstag's-Abende die Flasche mit Wein brachte. Sie war
mir sonst niemals so schön vorgekommen, als da sie sich
jetzt so erhitzt an mich lehnte, daß die schwarzen Locken
über meinen Arm herabhingen. – „Aber, |97| verehrteste
Mamsell," sagte ich voller Erstaunen, „wie kommen Sie"
– „Um Gotteswillen, still nur, jetzt still!" erwiederte sie,
und sprang geschwind von mir fort auf die andere Seite
des Gartens, eh' ich mich noch auf alles recht besinnen
konnte.

Unterdeß hatten die Andern ihr erstes Thema fast ganz
vergessen, zankten aber untereinander recht vergnüglich
weiter, indem sie dem jungen Menschen beweisen woll-

ten, daß er eigentlich betrunken sey, was sich für einen
ehrliebenden Maler gar nicht schicke. Der runde fixe
Mann aus der Laube, der – wie ich nachher erfuhr – ein
großer Kenner und Freund von Künsten war, und aus
Liebe zu den Wissenschaften gern alles mitmachte, hatte
auch sein Stäbchen weggeworfen, und flankirte [flanirte?]
mit seinem fetten Gesicht das vor Freundlichkeit ordentlich glänzte, eifrig mitten in dem dicksten Getümmel
herum, um alles zu vermitteln und zu beschwichtigen,
während er dazwischen immer wieder die lange Kadenz
und das schöne Tableau bedauerte, das er mit vieler Mühe
zusammengebracht hatte.

Mir aber war es so sternklar im Herzen, wie damals an
dem glückseligen Sonnabend, als ich am offnen Fenster
vor der Weinflasche bis tief in die Nacht hinein auf der
Geige spielte. Ich holte, da der Rumor gar kein Ende
nehmen wollte, frisch meine Violine wieder hervor und
spielte, ohne mich lange zu besinnen, einen welschen
Tanz auf, den sie dort im Gebirge tanzen, und den ich auf
dem alten, einsamen Waldschlosse gelernt hatte.

|98| Da reckten sie alle die Köpfe in die Höh. „Bravo,
bravissimo! ein deliziöser Einfall!" rief der lustige Kenner
von den Künsten, und lief sogleich von einem zum
andern, um ein ländliches Divertissement, wie er's nannte,
einzurichten. Er selbst machte den Anfang, indem er der
Dame die Hand reichte, die vorhin in der Laube Guitarre gespielt hatte. Er begann darauf außerordentlich künstlich zu tanzen, schrieb mit den Fußspitzen allerlei Buchstaben auf den Rasen, schlug ordentliche Triller mit den
Füßen, und machte von Zeit zu Zeit ganz passable Luftsprünge. Aber er bekam es bald satt, denn er war etwas

korpulent. Er machte immer kürzere und ungeschicktere Sprünge, bis er endlich ganz aus dem Kreise heraustrat und heftig pustete und sich mit seinem schneeweißen Schnupftuch unaufhörlich den Schweiß abwischte. Unterdeß hatte auch der junge Mensch, der nun wieder ganz gescheut geworden war, aus dem Wirthshause Castagnetten herbeigeholt, und ehe ich mich's versah, tanzten alle unter den Bäumen bunt durcheinander. Die untergegangene Sonne warf noch einige rothe Wiederscheine zwischen die dunklen Schatten und über das alte Gemäuer und die von Epheu wild überwachsenen halb versunkenen Säulen hinten im Garten, während man von der andern Seite tief unter den Weinbergen die Stadt Rom in den Abendgluthen liegen sah. Da tanzten sie alle lieblich im Grünen in der klaren stillen Luft, und mir lachte das Herz recht im Leibe, wie die schlanken Mädchen, und die Kammerjungfer mitten unter ihnen, sich so mit |99| aufgehobenen Armen wie heidnische Waldnymphen zwischen dem Laubwerk schwangen, und dabei jedesmal in der Luft mit den Castagnetten lustig dazu schnalzten. Ich konnte mich nicht länger halten, ich sprang mitten unter sie hinein und machte, während ich dabei immerfort geigte, recht artige Figuren.

Ich mochte eine ziemliche Weile so im Kreise herum gesprungen seyn, und merkte gar nicht, daß die andern unterdeß anfingen müde zu werden und sich nach und nach von dem Rasenplatze verloren. Da zupfte mich Jemand von hinten tüchtig an den Rockschößen. Es war die Kammerjungfer. „Sei kein Narr," sagte sie leise, „Du springst ja wie ein Ziegenbock! Studiere Deinen Zettel ordentlich, und komm bald nach, die schöne junge Gräfin wartet." – Und damit schlüpfte sie in der Dämmerung zur Gartenpforte hinaus, und war bald zwischen den Weingärten verschwunden.

Mir klopfte das Herz, ich wäre am liebsten gleich nachgesprungen. Zum Glück zündete der Kellner, da es schon dunkel geworden war, in einer großen Laterne an der Gartenthür Licht an. Ich trat heran und zog geschwind den Zettel heraus. Da war ziemlich kritzlich mit Bleifeder das Thor und die Straße beschrieben, wie mir die Kammerjungfer vorhin gesagt hatte. Dann stand: „Elf Uhr an der kleinen Thüre." –

Da waren noch ein paar lange Stunden hin! – Ich wollte mich demungeachtet sogleich auf den Weg machen, denn ich hatte keine Rast und Ruhe mehr; aber |100| da kam der Maler, der mich hierher gebracht hatte, auf mich los. „Hast Du das Mädchen gesprochen?" frug er, „ich seh' sie nun nirgends mehr; das war das Kammermädchen von der deutschen Gräfin." „Still, still!" erwiederte ich, „die Gräfin ist noch in Rom." [„]Nun, desto besser," sagte der Maler, „so komm und trink' mit uns auf ihre Gesundheit!" und damit zog er mich, wie sehr ich mich auch sträubte, in den Garten zurück.

Da war es unterdeß ganz öde und leer geworden. Die lustigen Gäste wanderten, jeder sein Liebchen am Arm, nach der Stadt zu, und man hörte sie noch durch den stillen Abend zwischen den Weingärten plaudern und lachen, immer ferner und ferner, bis sich endlich die Stimmen tief in dem Thale im Rauschen der Bäume und des Stromes verloren. Ich war nur noch mit meinem Maler, und dem Herrn Eckbrecht – so hieß der andre junge Maler, der sich vorhin so herum gezankt hatte – allein

oben zurück geblieben. Der Mond schien prächtig im
Garten zwischen die hohen dunklen Bäume herein, ein
Licht flackerte im Winde auf dem Tische vor uns und
schimmerte über den vielen vergoßnen Wein auf der
5 Tafel. Ich mußte mich mit hinsetzen und mein Maler
plauderte mit mir über meine Herkunft, meine Reise, und
meinen Lebensplan. Herr Eckbrecht aber hatte das junge
hübsche Mädchen aus dem Wirthshause, nachdem sie uns
Flaschen auf den Tisch gestellt, vor sich auf den Schoß
10 genommen, legte ihr die Guitarre in den Arm, und lehrte
sie ein Lied|101|chen darauf klimpern. Sie fand sich auch
bald mit den kleinen Händchen zurecht, und sie sangen
dann zusammen ein italienisches Lied, einmal er, dann
wieder das Mädchen eine Strophe, was sich in dem
15 schönen stillen Abend prächtig ausnahm. – Als das
Mädchen dann weggerufen wurde, lehnte sich Herr
Eckbrecht mit der Guitarre auf der Bank zurück, legte
seine Füße auf einen Stuhl, der vor ihm stand, und sang
nun für sich allein viele herrliche deutsche und italieni-
20 sche Lieder, ohne sich weiter um uns zu bekümmern.
Dabei schienen die Sterne prächtig am klaren Firmament,
die ganze Gegend war wie versilbert vom Mondschein,
ich dachte an die schöne Fraue, an die ferne Heimath, und
vergaß darüber ganz meinen Maler neben mir. Zuweilen
25 mußte Herr Eckbrecht stimmen, darüber wurde er immer
ganz zornig. Er drehte und riß zuletzt an dem Instrument,
daß plötzlich eine Saite sprang. Da warf er die Guitarre
hin und sprang auf. Nun wurde er erst gewahr, daß mein
Maler sich unterdeß über seinen Arm auf den Tisch gelegt
30 hatte und fest eingeschlafen war. Er warf schnell einen
weißen Mantel um, der auf einem Aste neben dem Tische

hing, besann sich aber plötzlich, sah erst meinen Maler,
dann mich ein paarmal scharf an, setzte sich darauf, ohne
sich lange zu bedenken, grade vor mich auf den Tisch hin,
räusperte sich, rückte an seiner Halsbinde, und fing dann
auf einmal an, eine Rede an mich zu halten. „Geliebter
Zuhörer und Landsmann!" sagte er, „da die Flaschen
beinah leer sind, und da die Moral unstreitig |102| die erste
Bürgerpflicht ist, wenn die Tugenden auf die Neige
gehen, so fühle ich mich aus landsmännlicher Sympathie
getrieben, Dir einige Moralität zu Gemüthe zu führen. –
Man könnte zwar meinen," fuhr er fort, „Du sey'st ein
bloßer Jüngling, während doch Dein Frack über seine
besten Jahre hinaus ist; man könnte vielleicht annehmen,
Du habest vorhin wunderliche Sprünge gemacht, wie ein
Satyr; ja, einige möchten wohl behaupten, Du seyest wohl
gar ein Landstreicher, weil Du hier auf dem Lande bist
und die Geige streichst; aber ich kehre mich an solche
oberflächliche Urtheile nicht, ich halte mich an deine
feingespitzte Nase, ich halte Dich für ein vazirendes
Genie." – Mich ärgerten die verfänglichen Redensarten,
ich wollte ihm so eben recht antworten. Aber er ließ mich
nicht zu Worte kommen. „Siehst Du," sagte er, „wie Du
Dich schon aufblähst von dem bischen Lobe. Gehe in
Dich, und bedenke dieses gefährliche Metier! Wir Genie's
– denn ich bin auch eins – machen uns aus der Welt eben
so wenig, als sie aus uns, wir schreiten vielmehr ohne
besondere Umstände in unsern Siebenmeilenstiefeln, die
wir bald mit auf die Welt bringen, grade auf die Ewigkeit
los. O höchst klägliche, unbequeme, breitgespreizte Positi-
on, mit dem einen Beine in der Zukunft, wo nichts als
Morgenroth und zukünftige Kindergesichter dazwischen,

mit dem andern Beine noch mitten in Rom auf der Piazza
del Popolo, wo das ganze Säkulum bei der guten Gelegen-
heit mitwill und sich an den Stiefel hängt, daß sie einem
|103| das Bein ausreißen möchten! Und alle das Zucken,
Weintrinken und Hungerleiden lediglich für die unsterb-
liche Ewigkeit! Und siehe meinen Herrn Collegen dort
auf der Bank, der gleichfalls ein Genie ist; ihm wird die
Zeit schon zu lang, was wird er erst in der Ewigkeit anfangen?! Ja, hochgeschätzter Herr College, Du und ich und
die Sonne, wir sind heute früh zusammen aufgegangen,
und haben den ganzen Tag gebrütet und gemalt, und es
war alles schön – und nun fährt die schläfrige Nacht mit
ihrem Pelzärmel über die Welt und hat alle Farben
verwischt." Er sprach noch immerfort und war dabei mit
seinen verwirrten Haaren von dem Tanzen und Trinken
im Mondschein ganz leichenblaß anzusehen.

Mir aber graute schon lange vor ihm und seinem
wilden Gerede, und als er sich nun förmlich zu dem schla-
fenden Maler herum wandte, benutzte ich die Gelegen-
heit, schlich, ohne daß er es bemerkte, um den Tisch, aus
dem Garten heraus, und stieg, allein und fröhlich im Herzen, an dem Rebengeländer in das weite, vom Mondschein beglänzte Thal hinunter.

Von der Stadt her schlugen die Uhren Zehn. Hinter
mir hörte ich durch die stille Nacht noch einzelne Guitar-
ren-Klänge und manchmal die Stimmen der beiden
Maler, die nun auch nach Hause gingen, von ferne her-
überschallen. Ich lief daher so schnell, als ich nur konnte,
damit sie mich nicht weiter ausfragen sollten.

Am Thore bog ich sogleich rechts in die Straße ein, und
ging mit klopfendem Herzen eilig zwischen |104| den

stillen Häusern und Gärten fort. Aber wie erstaunte ich, als ich da auf einmal auf dem Platze mit dem Springbrunnen heraus kam, den ich heute am Tage gar nicht hatte finden können. Da stand das einsame Gartenhaus wieder, im prächtigsten Mondschein, und auch die schöne Fraue sang im Garten wieder dasselbe italienische Lied, wie gestern Abend. – Ich rannte voller Entzücken erst an die kleine Thür, dann an die Hausthür, und endlich mit aller Gewalt an das große Gartenthor, aber es war alles verschlossen. Nun fiel mir erst ein, daß es noch nicht Elf geschlagen hatte. Ich ärgerte mich über die langsame Zeit, aber über das Gartenthor klettern, wie gestern, mochte ich wegen der guten Lebensart nicht. Ich ging daher ein Weilchen auf dem einsamen Platze auf und ab, und setzte mich endlich wieder auf den steinernen Brunnen voll Gedanken und stiller Erwartung hin.

Die Sterne funkelten am Himmel, auf dem Platze war alles leer und still, ich hörte voll Vergnügen dem Gesange der schönen Frau zu, der zwischen dem Rauschen des Brunnens aus dem Garten herüberklang. Da erblickt ich auf einmal eine weiße Gestalt, die von der andern Seite des Platzes herkam, und grade auf die kleine Gartenthür zuging. Ich blickte durch den Mondflimmer recht scharf hin – es war der wilde Maler in seinem weißen Mantel. Er zog schnell einen Schlüssel hervor, schloß auf, und ehe ich mich's versah, war er im Garten drin.

Nun hatte ich gegen den Maler schon von Anfang |105| eine absonderliche Pike wegen seiner unvernünftigen Reden. Jetzt aber gerieth ich ganz außer mir vor Zorn. Das liederliche Genie ist gewiß wieder betrunken, dachte ich, den Schlüssel hat er von der Kammerjungfer, und will

nun die gnädige Frau beschleichen, verrathen, überfallen.
– Und so stürzte ich durch das kleine, offengebliebene
Pförtchen in den Garten hinein.

Als ich eintrat, war es ganz still und einsam darin. Die
Flügelthür vom Gartenhause stand offen, ein milchweißer
Lichtschein drang daraus hervor, und spielte auf dem
Grase und den Blumen vor der Thür. Ich blickte von weitem herein. Da lag in einem prächtigen grünen Gemach,
das von einer weißen Lampe nur wenig erhellt war, die
schöne gnädige Frau, mit der Guitarre im Arm, auf einem
seidenen Faulbettchen, ohne in ihrer Unschuld an die
Gefahren draußen zu denken.

Ich hatte aber nicht lange Zeit, hinzusehen, denn ich
bemerkte so eben, daß die weiße Gestalt von der andern
Seite ganz behutsam hinter den Sträuchern nach dem
Gartenhause zuschlich. Dabei sang die gnädige Frau so
kläglich aus dem Hause, daß es mir recht durch Mark und
Bein ging. Ich besann mich daher nicht lange, brach einen
tüchtigen Ast ab, rannte damit gerade auf den Weißman-
tel los, und schrie aus vollem Halse „Mordjo!" daß der
ganze Garten erzitterte.

Der Maler, wie er mich so unverhofft daherkommen
sah, nahm schnell Reißaus, und schrie entsetzlich. Ich
schrie noch besser, er lief nach dem Hause zu, ich |106|
ihm nach – und ich hätt' ihn beinah schon erwischt, da
verwickelte ich mich mit den Füßen in den fatalen
Blumenstücken, und stürzte auf einmal der Länge nach
vor der Hausthür hin.

„Also Du bist es, Narr!" hört' ich da über mir ausrufen,
„hast Du mich doch fast zum Tode erschreckt!" – Ich raffte
mich geschwind wieder auf, und wie ich mir den Sand

und die Erde aus den Augen wische, steht die Kammerjungfer vor mir, die so eben bei dem letzten Sprunge den
weißen Mantel von der Schulter verloren hatte. „Aber,"
sagte ich ganz verblüfft, „war denn der Maler nicht hier?"
– „Ja freilich," entgegnete sie schnippisch, „sein Mantel
wenigstens, den er mir, als ich ihn vorhin im Thor begeg-
nete, umgehangen hat, weil mich fror." – Ueber dem Geplauder war nun auch die gnädige Frau von ihrem Sopha
aufgesprungen, und kam zu uns an die Thür. Mir klopfte
das Herz zum Zerspringen. Aber wie erschrak ich, als ich
recht hinsah und, anstatt der schönen gnädigen Frau, auf
einmal eine ganz fremde Person erblickte!

Es war eine etwas große korpulente, mächtige Dame
mit einer stolzen Adlernase und hochgewölbten schwarzen Augenbrauen, so recht zum Erschrecken schön. Sie
sah mich mit ihren großen funkelnden Augen so
majestätisch an, daß ich mich vor Ehrfurcht gar nicht zu
lassen wußte. Ich war ganz verwirrt, ich machte in einem
fort Komplimente, und wollte ihr zuletzt gar die Hand
küssen. Aber sie riß ihre Hand schnell weg, und |107|
sprach dann auf italienisch zu der Kammerjungfer, wovon
ich nichts verstand.

Unterdeß aber war von dem vorigen Geschrei die
ganze Nachbarschaft lebendig geworden. Hunde bellten,
Kinder schrien, zwischen durch hörte man einige
Männerstimmen, die immer näher und näher auf den
Garten zukamen. Da blickte mich die Dame noch einmal
an, als wenn sie mich mit feurigen Kugeln durchbohren
wollte, wandte sich dann rasch nach dem Zimmer zurück,
während sie dabei stolz und gezwungen auflachte, und
schmiß mir die Thüre vor der Nase zu. Die Kammer-

jungfer aber erwischte mich ohne weiteres beim Flügel, und zerrte mich nach der Gartenpforte.

„Da hast Du wieder einmal recht dummes Zeug ge-macht," sagte sie unterweges voller Bosheit zu mir. Ich wurde auch schon giftig. „Nun zum Teufel!" sagte ich, „habt Ihr mich denn nicht selbst hierher bestellt?" – „Das ist's ja eben," rief die Kammerjungfer, „meine Gräfin meinte es so gut mit Dir, wirft Dir erst Blumen aus dem Fenster zu, singt Arien – und *das* ist nun ihr Lohn! Aber mit Dir ist nun einmal nichts anzufangen, Du trittst Dein Glück ordentlich mit Füßen." – „Aber," erwiederte ich, „ich meinte die Gräfin aus Deutschland, die schöne gnädi-ge Frau" – „Ach," unterbrach sie mich, „die ist ja lange schon wieder in Deutschland, mit sammt Deiner tollen Amour. Und da lauf Du nur auch wieder hin! Sie schmachtet ohnedieß nach Dir, da könnt' Ihr zusammen die Geige |108| spielen und in den Mond gucken, aber daß Du mir nicht wieder unter die Augen kommst!"

Nun aber entstand ein entsetzlicher Rumor und Spektakel hinter uns. Aus dem anderen Garten kletterten Leute mit Knüppeln hastig über den Zaun, andere fluch-ten und durchsuchten schon die Gänge, desperate Gesich-ter mit Schlafmützen guckten im Mondschein bald da bald dort über die Hecken, es war, als wenn der Teufel auf einmal aus allen Hecken und Sträuchern Gesindel heckte. – Die Kammerjungfer fackelte nicht lange. „Dort, dort läuft der Dieb!" schrie sie den Leuten zu, indem sie dabei auf die andere Seite des Gartens zeigte. Dann schob sie mich schnell aus dem Garten, und klappte das Pförtchen hinter mir zu.

Da stand ich nun unter Gottes freiem Himmel wieder

auf dem stillen Platze mutterseelen allein, wie ich gestern angekommen war. Die Wasserkunst, die mir vorhin im Mondschein so lustig flimmerte, als wenn Englein darin auf und nieder stiegen, rauschte noch fort wie damals, mir aber war unterdeß alle Lust und Freude in den Brunn gefallen. – Ich nahm mir nun fest vor, dem falschen Italien mit seinen verrückten Malern, Pommeranzen und Kammerjungfern auf ewig den Rücken zu kehren, und wanderte noch zur selbigen Stunde zum Thore hinaus.

———————

Neuntes Kapitel.

Die treuen Berg' steh'n auf der Wacht:
„Wer streicht bei stiller Morgenzeit
Da aus der Fremde durch die Haid'?" –
Ich aber mir die Berg' betracht'
Und lach' in mich vor großer Lust,
Und rufe recht aus frischer Brust
Parol und Feldgeschrei sogleich:
Vivat Oestreich!

Da kennt mich erst die ganze Rund,
Nun grüßen Bach und Vöglein zart
Und Wälder rings nach Landesart,
Die Donau blitzt aus tiefem Grund,
Der Stephansthurm auch ganz von fern
Guckt übern Berg und säh' mich gern,
Und ist er's nicht, so kommt er doch gleich,
Vivat Oestreich!

Ich stand auf einem hohen Berge, wo man zum erstenmal
nach Oestreich hineinsehen kann, und schwenkte voller
Freude noch mit dem Hute und sang die letzte Strophe,
da fiel auf einmal hinter mir im Walde eine prächtige
Musik von Blasinstrumenten mit ein. Ich dreh' mich
schnell um und erblicke drei junge Gesellen in langen

blauen Mänteln, davon bläst der Eine Oboe, der Andere
die Klarinett, und der Dritte, der einen alten Dreistutzer
auf dem Kopfe hatte, das Waldhorn – die akkompagnirten mich plötzlich, daß der ganze Wald erschallte. Ich,
nicht zu faul, ziehe meine Geige hervor, und spiele und
singe sogleich frisch mit. Da sah |110| Einer den Andern
bedenklich an, der Waldhornist ließ dann zuerst seine
Bausbacken wieder einfallen und setzte sein Waldhorn ab,
bis am Ende Alle stille wurden, und mich anschauten. Ich
hielt verwundert ein, und sah sie auch an. – „Wir
meinten," sagte endlich der Waldhornist, „weil der Herr
so einen langen Frack hat, der Herr wäre ein reisender
Engländer, der hier zu Fuß die schöne Natur bewundert;
da wollten wir uns ein Viatikum verdienen. Aber, mir
scheint, der Herr ist selber ein Musikant." – „Eigentlich ein
Einnehmer," versetzte ich, „und komme direkt von Rom
her, da ich aber seit geraumer Zeit nichts mehr einge-
nommen, so habe ich mich unterweges mit der Violine
durchgeschlagen." – „Bringt nicht viel heut zu Tage!" sagte
der Waldhornist, der unterdeß wieder an den Wald
zurückgetreten war, und mit seinem Dreistutzer ein
kleines Feuer anfachte, das sie dort angezündet hatten. „Da
gehn die blasenden Instrumente schon besser," fuhr er fort;
„wenn so eine Herrschaft ganz ruhig zu Mittag speißt, und
wir treten unverhofft in das gewölbte Vorhaus und fangen
alle drei aus Leibeskräften zu blasen an – gleich kommt
ein Bedienter herausgesprungen mit Geld oder Essen,
damit sie nur den Lärm wieder los werden. Aber will der
Herr nicht eine Collation mit uns einnehmen?"

Das Feuer loderte nun recht lustig im Walde, der Morgen war frisch, wir setzten uns alle rings umher auf den

Rasen, und zwei von den Musikanten nahmen ein
Töpfchen, worin Kaffee und auch schon Milch war, |111|
vom Feuer, holten Brod aus ihren Manteltaschen hervor,
und tunkten und tranken abwechselnd aus dem Topfe,
und es schmeckte ihnen so gut, daß es ordentlich eine Lust
war anzusehen. – Der Waldhornist aber sagte: „Ich kann
das schwarze Gesöff nicht vertragen," und reichte mir
dabei die eine Hälfte von einer großen übereinander
gelegten Butterschnitte, dann brachte er eine Flasche
Wein zum Vorschein. „Will der Herr nicht auch einen
Schluck?" – Ich that einen tüchtigen Zug, mußte aber
schnell wieder absetzen und das ganze Gesicht verziehn,
denn es schmeckte wie Drei-Männer-Wein. „Hiesiges
Gewächs," sagte der Waldhornist, „aber der Herr hat sich
in Italien den deutschen Geschmack verdorben."

Darauf kramte er eifrig in seinem Schubsack und zog
endlich unter allerlei Plunder eine alte zerfetzte Landkarte hervor, worauf noch der Kaiser in vollem Ornate zu
sehen war, den Zepter in der rechten, den Reichsapfel in
der linken Hand. Er breitete sie auf dem Boden behutsam
auseinander, die Andern rückten näher heran, und sie
berathschlagten nun zusammen, was sie für eine Marsch-
route nehmen sollten.

„Die Vakanz geht bald zu Ende," sagte der Eine, „wir
müssen uns gleich von Linz links abwenden, so kommen
wir noch bei guter Zeit nach Prag." – „Nun wahrhaftig!"
rief der Waldhornist, „wem willst Du da was vorpfeifen?
nichts als Wälder und Kohlenbauern, kein geläuterter
Kunstgeschmack, keine vernünftige freie Station!" – „O
Narrensposen!" erwiederte |112| der Andere, „die Bauern
sind mir grade die Liebsten, die wissen am Besten wo

einen der Schuh drückt, und nehmens nicht so genau, wenn man manchmal eine falsche Note bläst." – „Das macht, Du hast kein point d'honneur," versetzte der Waldhornist, „odi profanum vulgus et arceo, sagt der Lateiner." –

„Nun, Kirchen aber muß es auf der Tour doch geben," meinte der Dritte, „so kehren wir bei den Herren Pfarrern ein." – „Gehorsamster Diener!" sagte der Waldhornist, „die geben kleines Geld und große Sermone, daß wir nicht so unnütz in der Welt herumschweifen, sondern uns besser auf die Wissenschaften appliciren sollen, besonders wenn sie in mir den künftigen Herrn Konfrater wittern. Nein, nein, Clericus clericum non decimat. Aber was giebt es denn da überhaupt für große Noth? die Herren Professoren sitzen auch noch im Karlsbade, und halten selbst den Tag nicht so genau ein." – „Ja, distinguendum est inter et inter," erwiederte der Andere, „quod licet Jovi, non licet bovi!"

Ich aber merkte nun, daß es Prager Studenten waren, und bekam einen ordentlichen Respekt vor ihnen, besonders da ihnen das Latein nur so wie Wasser vom Munde floß. – „Ist der Herr auch ein Studirter?" fragte mich darauf der Waldhornist. Ich erwiederte bescheiden, daß ich immer besondere Lust zum studieren, aber kein Geld gehabt hätte. – „Das thut gar nichts," rief der Waldhornist, „wir haben auch weder Geld, noch reiche Freundschaft. Aber ein gescheuter Kopf |113| muß sich zu helfen wissen. Aurora musis amica, das heißt zu deutsch: mit vielem frühstücken sollst Du Dir nicht die Zeit verderben. Aber wenn dann die Mittagsglocken von Thurm zu Thurm und von Berg zu Berg über die Stadt gehen, und nun die Schüler auf einmal mit großem Geschrei aus dem

alten finstern Kollegium heraus brechen und im Sonnen-
scheine durch die Gaßen schwärmen – da begeben wir
uns bei den Kapuzinern zum Pater Küchenmeister und
finden unsern gedeckten Tisch, und ist er auch nicht
gedeckt, so steht doch für jeden ein voller Topf darauf, da
fragen wir nicht viel darnach und essen, und perfektioni-
ren uns dabei noch im Lateinischsprechen. Sieht der Herr,
so studiren wir von einem Tage zum andern fort. Und
wenn dann endlich die Vakanz kommt, und die Andern
fahren und reiten zu ihren Aeltern fort, da wandern wir
mit unsern Instrumenten unter'm Mantel durch die
Gaßen zum Thore hinaus, und die ganze Welt steht uns
offen."

    Ich weiß nicht – wie er so erzählte – ging es mir recht
durch's Herz, daß so gelehrte Leute so ganz verlassen seyn
sollten auf der Welt. Ich dachte dabei an mich, wie es mir
eigentlich selber nicht anders ginge, und die Thränen
traten mir in die Augen. – Der Waldhornist sah mich groß
an. „Das thut gar nichts," fuhr er wieder weiter fort, „ich
möchte gar nicht so reisen: Pferde und Kaffee und frisch-
überzogene Betten, und Nachtmützen und Stiefelknecht
vorausbestellt. Das ist just das Schönste, wenn wir so
frühmorgens her|114|austreten, und die Zugvögel hoch
über uns fortziehn, daß wir gar nicht wissen, welcher
Schornstein heut für uns raucht, und gar nicht vorausse-
hen, was uns bis zum Abend noch für ein besonderes
Glück begegnen kann." – „Ja," sagte der Andere, „und wo
wir hinkommen und unsere Instrumente herausziehen,
wird alles fröhlich, und wenn wir dann zur Mittagsstun-
de auf dem Lande in ein Herrschaftshaus treten, und im
Hausflur blasen, da tanzen die Mägde mit einander vor

der Hausthür, und die Herrschaft läßt die Saalthür etwas
aufmachen, damit sie die Musik drin besser hören, und
durch die Lücke kommt das Tellergeklapper und der
Bratenduft in den freudenreichen Schall heraus gezogen,
und die Fräuleins an der Tafel verdrehen sich fast die
Hälse, um die Musikanten draußen zu sehn." – „Wahrhaftig," rief der Waldhornist mit leuchtenden Augen aus,
„laßt die Andern nur ihre Kompendien repetiren, wir
studiren unterdeß in dem großen Bilderbuche, daß der
liebe Gott uns draußen aufgeschlagen hat! Ja glaub' nur
der Herr, aus uns werden grade die rechten Kerls, die den
Bauern dann was zu erzählen wissen und mit der Faust
auf die Kanzel schlagen, daß den Knollfinken unten vor
Erbauung und Zerknirschung das Herz im Leibe bersten
möchte."

Wie sie so sprachen, wurde mir so lustig in meinem
Sinn, daß ich gleich auch hätte mit studiren mögen. Ich
konnte mich gar nicht satt hören, denn ich unterhalte
mich gern mit studirten Leuten, wo man et|115|was profi-
tiren kann. Aber es konnte gar nicht zu einem recht ver-
nünftigen Diskurse kommen. Denn dem einen Studenten
war vorhin angst geworden, weil die Vakanz so bald zu
Ende gehen sollte. Er hatte daher hurtig sein Klarinett
zusammen gesetzt, ein Notenblatt vor sich auf das aufge-
stemmte Knie hingelegt, und exerzirte sich eine schwie-
rige Passage aus einer Messe ein, die er mitblasen sollte,
wenn sie nach Prag zurückkamen. Da saß er nun und
fingerte und pfiff dazwischen manchmal so falsch, daß es
einem durch Mark und Bein ging und man oft sein
eigenes Wort nicht verstehen konnte.

Auf einmal schrie der Waldhornist mit seiner Baßstim-

me. „Topp, da hab' ich es," er schlug dabei fröhlich auf die
Landkarte neben ihm. Der Andere ließ auf einen Augenblick von seinem fleißigen Blasen ab, und sah ihn verwundert an. „Hört," sagte der Waldhornist, „nicht weit von
Wien ist ein Schloß, auf dem Schloße ist ein Portier, und
der Portier ist mein Vetter! Theuerste Kondiszipels, da
müssen wir hin, machen dem Herrn Vetter unser Kompliment, und er wird dann schon dafür sorgen, wie er uns
wieder weiter fortbringt!" – Als ich das hörte, fuhr ich
geschwind auf. „Bläst er nicht auf dem Fagott?" rief ich,
„und ist von langer grader Leibesbeschaffenheit, und hat
eine große vornehme Nase?" – Der Waldhornist nickte
mit dem Kopfe. Ich aber embrassirte ihn vor Freuden, daß
ihm der Dreistutzer vom Kopfe fiel, und wir beschlossen
nun sogleich, alle miteinander im |116| Postschiffe auf der
Donau nach dem Schloß der schönen Gräfin hinunter zu-
fahren.

Als wir an das Ufer kamen, war schon alles zur Abfahrt
bereit. Der dicke Gastwirth, bei dem das Schiff über
Nacht angelegt hatte, stand breit und behaglich in seiner
Hausthür, die er ganz ausfüllte, und ließ zum Abschied
allerlei Witze und Redensarten erschallen, während in
jedem Fenster ein Mädchenkopf herausfuhr und den
Schiffern noch freundlich zunickte, die so eben die letzten
Pakete nach dem Schiffe schafften. Ein ältlicher Herr mit
einem grauen Ueberrock und schwarzen Halstuch, der
auch mitfahren wollte, stand am Ufer, und sprach sehr
eifrig mit einem jungen schlanken Bürschchen, das mit
langen ledernen Beinkleidern und knapper, scharlachro-
ther Jacke vor ihm auf einem prächtigen Engländer saß.
Es schien mir zu meiner großen Verwunderung, als wenn

sie beide zuweilen nach mir hinblickten und von mir
sprächen. – Zuletzt lachte der alte Herr, das schlanke
Bürschchen schnallzte mit der Reitgerte, und sprengte,
mit den Lerchen über ihm um die Wette, durch die
Morgenluft in die blitzende Landschaft hinein.

Unterdeß hatten die Studenten und ich unsere Kasse
zusammengeschossen. Der Schiffer lachte und schüttelte
den Kopf, als ihm der Waldhornist damit unser Fährgeld
in lauter Kupferstücken aufzählte, die wir mit großer
Noth aus allen unsern Taschen zusammen gebracht hat-
ten. Ich aber jauchzte laut auf, als |117| ich auf einmal
wieder die Donau so recht vor mir sah; wir sprangen geschwind auf das Schiff hinauf, der Schiffer gab das Zeichen, und so flogen wir nun im schönsten Morgenglanze
zwischen den Bergen und Wiesen hinunter.

Da schlugen die Vögel im Walde, und von beiden
Seiten klangen die Morgenglocken von fern aus den
Dörfern, hoch in der Luft hörte man manchmal die
Lerchen dazwischen. Von dem Schiffe aber jubilirte und
schmetterte ein Kanarienvogel mit darein, daß es eine
rechte Lust war.

Der gehörte einem hübschen jungen Mädchen, die
auch mit auf dem Schiffe war. Sie hatte den Käfig dicht
neben sich stehen, von der andern Seite hielt sie ein feines
Bündel Wäsche unterm Arm, so saß sie ganz still für sich
und sah recht zufrieden bald auf ihre neue Reiseschuhe,
die unter dem Röckchen hervorkamen, bald wieder in das
Wasser vor sich hinunter, und die Morgensonne glänzte
ihr dabei auf der weißen Stirn, über der sie die Haare sehr
sauber gescheitelt hatte. Ich merkte wohl, daß die Studenten gern einen höflichen Diskurs mit ihr angesponnen

hätten, denn sie gingen immer an ihr vorüber, und der Waldhornist räusperte sich dabei und rückte bald an seiner Halsbinde, bald an dem Dreistutzer. Aber sie hatten keine rechte Kourage, und das Mädchen schlug auch jedesmal die Augen nieder, sobald sie ihr näher kamen.

Besonders aber genirten sie sich vor dem ältlichen Herrn, mit dem grauen Ueberrock, der nun auf der |118| andern Seite des Schiffes saß, und den sie gleich für einen Geistlichen hielten. Er hatte ein Brevier vor sich, in welchem er las, dazwischen aber oft in die schöne Gegend von dem Buche aufsah, dessen Goldschnitt und die vielen dareingelegten bunten Heiligenbilder prächtig im Morgenschein blitzten. Dabei bemerkte er auch sehr gut, was auf dem Schiffe vorging, und erkannte bald die Vögel an ihren Federn; denn es dauerte nicht lange, so redete er einen von den Studenten lateinisch an, worauf alle drei heran traten, die Hüte vor ihm abnahmen, und ihm wieder lateinisch antworteten.

Ich aber hatte mich unterdeß ganz vorn auf die Spitze des Schiffes gesetzt, ließ vergnügt meine Beine über dem Wasser herunter baumeln, und blickte, während das Schiff so fort flog und die Wellen unter mir rauschten und schäumten, immerfort in die blaue Ferne, wie da ein Thurm und ein Schloß nach dem andern aus dem Ufergrün hervorkam, wuchs und wuchs, und endlich hinter uns wieder verschwand. Wenn ich nur *heute* Flügel hätte! dachte ich, und zog endlich vor Ungeduld meine liebe Violine hervor, und spielte alle meine ältesten Stücke durch, die ich noch zu Hause und auf dem Schloß der schönen Frau gelernt hatte.

Auf einmal klopfte mir Jemand von hinten auf die

Achsel. Es war der geistliche Herr, der unterdeß sein Buch
weggelegt, und mir schon ein Weilchen zugehört hatte.
„Ey," sagte er lachend zu mir, „ey, ey, Herr Ludi magister,
Essen und Trinken vergißt er." Er hieß mich darauf meine
Geige einstecken, um einen |119| Inbiß mit ihm einzu-
nehmen, und führte mich zu einer kleinen lustigen Laube,
die von den Schiffern aus jungen Birken und Tannen-
bäumchen in der Mitte des Schiffes aufgerichtet worden
war. Dort hatte er einen Tisch hinstellen lassen, und ich,
die Studenten, und selbst das junge Mädchen mußten uns
auf die Fäßer und Pakete ringsherum setzen.

Der geistliche Herr packte nun einen großen Braten
und Butterschnitten aus, die sorgfältig in Papier gewickelt
waren, zog auch aus einem Futteral mehrere Weinflaschen und einen silbernen, innerlich vergoldeten Becher
hervor, schenkte ein, kostete erst, roch daran und prüfte
wieder und reichte dann einem Jeden von uns. Die Studenten saßen ganz kerzengrade auf ihren Fäßern, und
aßen und tranken nur sehr wenig vor großer Devotion.
Auch das Mädchen tauchte bloß das Schnäbelchen in den
Becher, und blickte dabei schüchtern bald auf mich, bald
auf die Studenten, aber je öfter sie uns ansah, je dreister
wurde sie nach und nach.

Sie erzählte endlich dem geistlichen Herrn, daß sie nun
zum erstenmale von Hause in Condition komme, und so
eben auf das Schloß ihrer neuen Herrschaft reise. Ich
wurde über und über roth, denn sie nannte dabei das
Schloß der schönen gnädigen Frau. – Also das soll meine
zukünftige Kammerjungfer seyn! dachte ich und sah sie
groß an, und mir schwindelte fast dabei. – „Auf dem
Schloße wird es bald eine große Hochzeit geben," sagte

darauf der geistliche Herr. „Ja," erwiederte das Mädchen,
die gern von der Geschichte |120| mehr gewußt hätte;
„man sagt, es wäre schon eine alte, heimliche Liebschaft
gewesen, die Gräfin hätte es aber niemals zugeben wollen." Der Geistliche antwortete nur mit: „Hm, hm,!" während er seinen Jagdbecher vollschenkte, und mit bedenk-
lichen Mienen daraus nippte. Ich aber hatte mich mit
beiden Armen weit über den Tisch vorgelegt, um die
Unterredung recht genau anzuhören. Der geistliche Herr
bemerkte es. „Ich kann's Euch wohl sagen," hub er wieder
an, „die beiden Gräfinnen haben mich auf Kundschaft
ausgeschickt, ob der Bräutigam schon vielleicht hier in der
Gegend sey. Eine Dame aus Rom hat geschrieben, daß er
schon lange von dort fort sey." – Wie er von der Dame
aus Rom anfing, wurd' ich wieder roth. „Kennen denn
Ew. Hochwürden den Bräutigam?" fragte ich ganz
verwirrt. – „Nein," erwiederte der alte Herr, „aber er soll
ein lustiger Vogel sein." – „O ja," sagte ich hastig, „ein
Vogel, der aus jeden Käfig ausreißt, sobald er nur kann,
und lustig singt, wenn er wieder in der Freiheit ist." –
„Und sich in der Fremde herumtreibt," fuhr der Herr
gelassen fort, „in der Nacht paßatim geht, und am Tage
vor den Hausthüren schläft." – Mich verdroß das sehr.
„Ehrwürdiger Herr," rief ich ganz hitzig aus, „da hat man
Euch falsch berichtet. Der Bräutigam ist ein moralischer,
schlanker, hoffnungsvoller Jüngling, der in Italien in
einem alten Schloße auf großen Fuß gelebt hat, der mit
lauter Gräfinnen, berühmten Malern und Kammerjung-
fern umgegangen ist, der sein Geld sehr |121| wohl zu
Rathe zu halten weiß, wenn er nur welches hätte, der" –
„Nun, nun, ich wußte nicht, das Ihr ihn so gut kennt,"

unterbrach mich hier der Geistliche, und lachte dabei so
herzlich, daß er ganz blau im Gesichte wurde, und ihm
die Thränen aus den Augen rollten. – „Ich hab' doch aber
gehört," ließ sich nun das Mädchen wieder vernehmen,
„der Bräutigam wäre ein großer, überaus reicher Herr." –
„Ach Gott, ja doch, ja! Confusion, nichts als Confusion!"
rief der Geistliche und konnte sich noch immer vor
Lachen nicht zu Gute geben, bis er sich endlich ganz
verhustete. Als er sich wieder ein wenig erholt hatte, hob
er den Becher in die Höh und rief: „das Brautpaar soll
leben!" – Ich wußte gar nicht, was ich von dem Geistlichen und seinem Gerede denken sollte, ich schämte mich
aber, wegen der römischen Geschichten, ihm hier vor
allen Leuten zu sagen, daß ich selber der verlorene glück-
seelige Bräutigam sey.

Der Becher ging wieder fleißig in die Runde, der geistliche Herr sprach dabei freundlich mit Allen, so daß ihm
bald ein Jeder gut wurde, und am Ende alles fröhlich
durcheinander sprach. Auch die Studenten wurden immer
redseliger und erzählten von ihren Fahrten im Gebirge, bis
sie endlich gar ihre Instrumente holten und lustig zu blasen
anfingen. Die kühle Wasserluft strich dabei durch die
Zweige der Laube, die Abendsonne vergoldete schon die
Wälder und Thäler, die schnell an uns vorüberflogen,
während die Ufer von den Waldhornsklängen wieder-
hallten. – Und als dann |122| der Geistliche von der Musik
immer vergnügter wurde und lustige Geschichten aus
seiner Jugend erzählte: wie auch er zur Vakanz über Berge
und Thäler gezogen, und oft hungrig und durstig, aber
immer fröhlich gewesen, und wie eigentlich das ganze
Studentenleben eine große Vakanz sey zwischen der engen

düstern Schule und der ernsten Amtsarbeit – da tranken
die Studenten noch einmal herum, und stimmten dann
frisch ein Lied an, daß es weit in die Berge hineinschallte:

Nach Süden nun sich lenken
Die Vöglein allzumal,
Viel' Wandrer lustig schwenken
Die Hüt' im Morgenstrahl.
Das sind die Herrn Studenten,
Zum Thor hinaus es geht,
Auf ihren Instrumenten
Sie blasen zum Valet:
Ade in die Läng' und Breite
O Prag, wir ziehn in die Weite!
Et habeat bonam pacem,
Qui sedet post fornacem!

Nachts wir durch's Städtlein schweifen,
Die Fenster schimmern weit,
Am Fenster dreh'n und schleifen
Viel schön geputzte Leut.
Wir blasen vor den Thüren
Und haben Durst genung,
Das kommt vom Musiziren,
Herr Wirth, einen frischen Trunk!
Und siehe über ein Kleines
Mit einer Kanne Weines
Venit ex sua domo –
Beatus ille homo!

|123| Nun weht schon durch die Wälder
Der kalte Boreas,
Wir streichen durch die Felder,
Von Schnee und Regen naß,
Der Mantel fliegt im Winde,
Zerrissen sind die Schuh,
Da blasen wir geschwinde
Und singen noch dazu:
Beatus ille homo
Qui sedet in sua domo
Et sedet post fornacem
Et habet bonam pacem!

Ich, die Schiffer und das Mädchen, obgleich wir alle kein
Latein verstanden, stimmten jedesmal jauchzend in den
letzten Vers mit ein, ich aber jauchzte am allervergnügte-
sten, denn ich sah so eben von fern mein Zollhäuschen
und bald darauf auch das Schloß in der Abendsonne über
die Bäume hervorkommen.

Zehntes Kapitel.

Das Schiff stieß an das Ufer, wir sprangen schnell ans Land und vertheilten uns nun nach allen Seiten im Grünen, wie Vögel, wenn das Gebauer plötzlich aufgemacht wird. Der geistliche Herr nahm eiligen Abschied und ging mit großen Schritten nach dem Schlosse zu. Die Studenten dagegen wanderten eifrig nach einem abgelegenen Gebüsch, wo sie noch geschwind ihre Mäntel ausklopfen, sich in dem vorüberfließenden |124| Bache waschen, und einer den andern rasiren wollten. Die neue Kammerjungfer endlich ging mit ihrem Kanarienvogel und ihrem Bündel unterm Arm nach dem Wirthshause unter dem Schloßberge, um bei der Frau Wirthin, die ich ihr als eine gute Person rekommandirt hatte, ein besseres Kleid anzulegen, ehe sie sich oben im Schlosse vorstellte. Mir aber leuchtete der schöne Abend recht durchs Herz, und als sie sich nun alle verlaufen hatten, bedachte ich mich nicht lange und rannte sogleich nach dem herrschaftlichen Garten hin.

Mein Zollhaus, an dem ich vorbei mußte, stand noch auf der alten Stelle, die hohen Bäume aus dem herrschaftlichen Garten rauschten noch immer darüber hin, ein Goldammer, der damals auf dem Kastanienbaume vor dem Fenster jedesmal bei Sonnenuntergang sein Abendlied gesungen hatte, sang auch wieder, als wäre seitdem gar nichts in der Welt vorgegangen. Das Fenster im Zollhause stand offen, ich lief voller Freuden hin und

steckte den Kopf in die Stube hinein. Es war Niemand
darin, aber die Wanduhr pickte noch immer ruhig fort,
der Schreibtisch stand am Fenster, und die lange Pfeife in
einem Winkel, wie damals. Ich konnte nicht widerstehen,
ich sprang durch das Fenster hinein, und setzte mich an
den Schreibtisch vor das große Rechenbuch hin. Da fiel
der Sonnenschein durch den Kastanienbaum vor dem
Fenster wieder grüngolden auf die Ziffern in dem aufge-
schlagenen Buche, die Bienen summten wieder an dem
offnen Fenster hin und her, der Goldammer draußen auf
dem Baume sang fröhlich |125| immerzu. – Auf einmal
aber ging die Thüre aus der Stube auf, und ein alter, langer
Einnehmer in meinem punktirten Schlafrock trat herein!
Er blieb in der Thüre stehen, wie er mich so unversehens
erblickte, nahm schnell die Brille von der Nase, und sah
mich grimmig an. Ich aber erschrack nicht wenig darüber,
sprang, ohne ein Wort zu sagen, auf, und lief aus der
Hausthür durch den kleinen Garten fort, wo ich mich
noch bald mit den Füßen in dem fatalen Kartoffelkraut
verwickelt hätte, das der alte Einnehmer nunmehr, wie
ich sah, nach des Portiers Rath statt meiner Blumen
angepflanzt hatte. Ich hörte noch, wie er vor die Thür
herausfuhr und hinter mir drein schimpfte, aber ich saß
schon oben auf der hohen Gartenmauer, und schaute mit
klopfendem Herzen in den Schloßgarten hinein.

Da war ein Duften und Schimmern und Jubiliren von
allen Vöglein; die Plätze und Gänge waren leer, aber die
vergoldeten Wipfel neigten sich im Abendwinde vor mir,
als wollten sie mich bewillkommnen, und seitwärts aus
dem tiefen Grunde blitzte zuweilen die Donau zwischen
den Bäumen nach mir herauf.

Auf einmal hörte ich in einiger Entfernung im Garten singen:

Schweigt der Menschen laute Lust:
Rauscht die Erde wie in Träumen
Wunderbar mit allen Bäumen,
Was dem Herzen kaum bewußt,
Alte Zeiten, linde Trauer,
Und es schweifen leise Schauer
Wetterleuchtend durch die Brust.

|126| Die Stimme und das Lied klang mir so wunderlich, und doch wieder so altbekannt, als hätte ich's irgend einmal im Traume gehört. Ich dachte lange, lange nach. – „Das ist der Herr Guido!" rief ich endlich voller Freude, und schwang mich schnell in den Garten hinunter – es war dasselbe Lied, das er an jenem Sommerabend auf dem Balkon des italienischen Wirthshauses sang, wo ich ihn zum letztenmal gesehn hatte.

Er sang noch immer fort, ich aber sprang über Beete und Hecken dem Liede nach. Als ich nun zwischen den letzten Rosensträuchern hervor trat, blieb ich plötzlich wie verzaubert stehen. Denn auf dem grünen Platze am Schwanenteich, recht vom Abendroth beschienen, saß die schöne gnädige Frau, in einem prächtigen Kleide und einem Kranz von weißen und rothen Rosen in dem schwarzen Haar, mit niedergeschlagenen Augen auf einer Steinbank und spielte während des Liedes mit ihrer Reitgerte vor sich auf dem Rasen, grade so wie damals auf dem Kahne, da ich ihr das Lied von der schönen Frau vorsingen mußte. Ihr gegenüber saß eine andre junge Dame, die hatte den weißen

runden Nacken voll brauner Locken gegen mich gewen-
det, und sang zur Guitarre, während die Schwäne auf dem
stillen Weiher langsam im Kreise herumschwammen. – Da
hob die schöne Frau auf einmal die Augen, und schrie laut
auf, da sie mich erblickte. Die andere Dame wandte sich
rasch nach mir herum, daß ihr die Locken ins Gesicht
flogen, und da sie mich recht ansah, brach |127| sie in ein
unmäßiges Lachen aus, sprang dann von der Bank und
klatschte dreimal mit den Händchen. In demselben Augenblick kam eine große Menge kleiner Mädchen in blüthen-
weißen kurzen Kleidchen mit grünen und rothen Schleifen zwischen den Rosensträuchern hervorgeschlüpft, so
daß ich gar nicht begreifen konnte, wo sie alle gesteckt
hatten. Sie hielten eine lange Blumenguirlande in den Händen, schlossen schnell einen Kreis um mich, tanzten um
mich herum und sangen dabei:

> Wir bringen Dir den Jungfernkranz
> Mit veilchenblauer Seide,
> Wir führen Dich zu Lust und Tanz,
> Zu neuer Hochzeitsfreude.
> Schöner, grüner Jungfernkranz,
> Veilchenblaue Seide.

Das war aus dem Freischützen. Von den kleinen Sänge-
rinnen erkannte ich nun auch einige wieder, es waren
Mädchen aus dem Dorfe. Ich kneipte sie in die Wangen
und wäre gern aus dem Kreise entwischt, aber die kleinen
schnippischen Dinger ließen mich nicht heraus. – Ich
wußte gar nicht, was die Geschichte eigentlich bedeuten
sollte, und stand ganz verblüfft da.

Da trat plötzlich ein junger Mann in feiner Jägerklei-
dung aus dem Gebüsch hervor. Ich traute meinen Augen
kaum – es war der fröhliche Herr Leonhard! – Die kleinen Mädchen öffneten nun den Kreis und standen auf
einmal wie verzaubert, alle unbeweglich auf einem Bein-
chen, während sie das andere in |128| die Luft streckten,
und dabei die Blumenguirlanden mit beiden Armen hoch
über den Köpfen in die Höh' hielten. Der Herr Leonhard
aber faßte die schöne gnädige Frau, die noch immer ganz
still stand und nur manchmal auf mich herüber blickte,
bei der Hand, führte sie bis zu mir und sagte:

„Die Liebe – darüber sind nun alle Gelehrten einig –
ist eine der kuragiösesten Eigenschaften des menschlichen
Herzens, die Bastionen von Rang und Stand schmettert
sie mit einem Feuerblicke darnieder, die Welt ist ihr zu
eng und die Ewigkeit zu kurz. Ja, sie ist eigentlich ein
Poeten-Mantel, den jeder Phantast einmal in der kalten
Welt umnimmt, um nach Arkadien auszuwandern. Und
je entfernter zwei getrennte Verliebte von einander
wandern, in desto anständigern Bogen bläst der Reisewind
den schillernden Mantel hinter ihnen auf, desto kühner
und überraschender entwickelt sich der Faltenwurf, desto
länger und länger wächst der Talar den Liebenden hinten
nach, so daß ein Neutraler nicht über Land gehen kann,
ohne unversehens auf ein Paar solche Schleppen zu treten.
O theuerster Herr Einnehmer und Bräutigam! obgleich
Ihr in diesem Mantel bis an den Gestaden der Tiber da-
hinrauschtet, das kleine Händchen Eurer gegenwärtigen
Braut hielt Euch dennoch am äußersten Ende der Schlep-
pe fest, und wie Ihr zucktet und geigtet und rumortet, Ihr
mußtet zurück in den stillen Bann ihrer schönen Augen.

– Und nun dann, da es so gekommen ist, Ihr zwei lieben,
lieben närrischen Leute! |129| schlagt den seeligen Mantel
um Euch, daß die ganze andere Welt rings um Euch
untergeht – liebt Euch wie die Kaninchen und seyd glücklich!"

Der Herr Leonhard war mit seinem Sermon kaum erst
fertig, so kam auch die andere junge Dame, die vorhin das
Liedchen gesungen hatte, auf mich los, setzte mir schnell
einen frischen Mirthenkranz auf den Kopf, und sang dazu
sehr neckisch, während sie mir den Kranz in den Haaren
festrückte und ihr Gesichtchen dabei dicht vor mir war:

> Darum bin ich Dir gewogen,
> Darum wird Dein Haupt geschmückt,
> Weil der Strich von Deinem Bogen
> Oefters hat mein Herz entzückt.

Dann trat sie wieder ein paar Schritte zurück. – „Kennst
Du die Räuber noch, die Dich damals in der Nacht vom
Baume schüttelten?" sagte sie, indem sie einen Knix mir
machte und mich so anmuthig und fröhlich ansah, daß mir
ordentlich das Herz im Leibe lachte. Darauf ging sie, ohne
meine Antwort abzuwarten, rings um mich herum.
„Wahrhaftig noch ganz der Alte, ohne allen welschen Bei-
schmack! aber nein, sieh doch nur einmal die dicken
Taschen an!" rief sie plötzlich zu der schönen gnädigen
Frau, „Violine, Wäsche, Barbiermesser, Reisekoffer, alles
durcheinander!" Sie drehte mich dabei nach allen Seiten,
und konnte sich vor Lachen gar nicht zu Gute geben. Die
schöne gnädige Frau war unterdeß noch immer still, und
mochte gar nicht die Augen aufschlagen vor Schaam und

Ver|130|wirrung. Oft kam es mir vor, als zürnte sie heim-
lich über das viele Gerede und Spaßen. Endlich stürzten
ihr plötzlich Thränen aus den Augen, und sie verbarg ihr
Gesicht an der Brust der andern Dame. Diese sah sie erst
erstaunt an, und drückte sie dann herzlich an sich.

Ich aber stand ganz verdutzt da. Denn je genauer ich
die fremde Dame betrachtete, desto deutlicher erkannte
ich sie, es war wahrhaftig niemand anders, als – der junge
Herr Maler Guido!

Ich wußte gar nicht was ich sagen sollte, und wollte so
eben näher nachfragen, als Herr Leonhard zu ihr trat und
heimlich mit ihr sprach. „Weiß er denn noch nicht?" hörte
ich ihn fragen. Sie schüttelte mit dem Kopfe. Er besann
sich darauf einen Augenblick. „Nein, nein," sagte er
endlich, „er muß schnell alles erfahren, sonst entsteht nur
neues Geplauder und Gewirre."

„Herr Einnehmer," wandte er sich nun zu mir, „wir
haben jetzt nicht viel Zeit, aber thue mir den Gefallen und
wundere Dich hier in aller Geschwindigkeit aus, damit
Du nicht hinterher durch Fragen, Erstaunen und Kopf-
schütteln unter den Leuten alte Geschichten aufrührst,
und neue Erdichtungen und Vermuthungen ausschüt-
telst." – Er zog mich bei diesen Worten tiefer in das
Gebüsch hinein, während das Fräulein mit der, von der
schönen gnädigen Frau weggelegten Reitgerte in der Luft
focht und alle ihre Locken tief in das Gesichtchen schüt-
telte, durch die ich aber doch |131| sehen konnte, daß sie
bis an die Stirn roth wurde. – „Nun denn," sagte Herr
Leonhard, „Fräulein Flora, die hier so eben thun will, als
hörte und wüßte sie von der ganzen Geschichte nichts,
hatte in aller Geschwindigkeit ihr Herzchen mit Jeman-

dem vertauscht. Darüber kommt ein Andrer und bringt
ihr mit Prologen, Trompeten und Pauken wiederum *sein*
Herz dar und will ihr Herz dagegen. Ihr Herz ist aber
schon bei Jemand, und Jemands Herz bei ihr, und der
Jemand will sein Herz nicht wieder haben, und ihr Herz
nicht wieder zurück geben. Alle Welt schreit – aber Du
hast wohl noch keinen Roman gelesen?" – Ich verneinte
es. – „Nun, so hast Du doch einen mitgespielt. Kurz: das
war eine solche Konfusion mit den Herzen, daß der
Jemand – das heißt ich – mich zuletzt selbst ins Mittel
legen mußte. Ich schwang mich bei lauer Sommernacht
auf mein Roß, hob das Fräulein als Maler Guido auf das
andere und so ging es fort nach Süden, um sie in einem
meiner einsamen Schlösser in Italien zu verbergen, bis das
Geschrei wegen der Herzen vorüber wäre. Unterweges
aber kam man uns auf die Spur, und von dem Balkon des
welschen Wirthshauses, vor dem Du so vortrefflich
Wache schliefst, erblickte Flora plötzlich unsere Verfolger." – „Also der bucklichte Signor?" – „War ein Spion.
Wir zogen uns daher heimlich in die Wälder, und ließen
Dich auf dem vorbestellten Postkurse allein fortfahren.
Das täuschte unsere Verfolger, und zum Ueberfluß auch
noch meine Leute auf dem Bergschlosse, |132| welche die
verkleidete Flora stündlich erwarteten, und mit mehr
Diensteifer als Scharfsinn Dich für das Fräulein hielten.
Selbst hier auf dem Schlosse glaubte man, daß Flora auf
dem Felsen wohne, man erkundigte sich, man schrieb an
sie – hast Du nicht ein Briefchen erhalten?" – Bei diesen
Worten fuhr ich blitzschnell mit dem Zettel aus der
Tasche. – „Also dieser Brief?" – „Ist an mich," sagte
Fräulein Flora, die bisher auf unsre Rede gar nicht Acht

zu geben schien, riß mir den Zettel rasch aus der Hand, überlas ihn und steckte ihn dann in den Busen. – „Und nun," sagte Herr Leonhard, „müssen wir schnell in das Schloß, da wartet schon Alles auf uns. Also zum Schluß, wie sich's von selbst versteht und einem wohlerzognen Romane gebührt: Entdeckung, Reue, Versöhnung, wir sind alle wieder lustig beisammen, und übermorgen ist Hochzeit!"

Da er noch so sprach, erhob sich plötzlich in dem Gebüsch ein rasender Spektakel von Pauken und Trompeten, Hörnern und Posaunen; Böller wurden dazwischen gelöst und Vivat gerufen, die kleinen Mädchen tanzten von neuem, und aus allen Sträuchern kam ein Kopf über dem andern hervor, als wenn sie aus der Erde wüchsen. Ich sprang in dem Geschwirre und Geschleife Ellenhoch von einer Seite zur andern, da es aber schon dunkel wurde, erkannte ich erst nach und nach alle die alten Gesichter wieder. Der alte Gärtner schlug die Pauken, die Prager Studenten in ihren Mänteln musizirten mitten darunter, neben ihnen fingerte der Portier wie toll auf seinem Fagott. Wie ich |133| den so unverhofft erblickte, lief ich sogleich auf ihn zu, und embrassirte ihn heftig. Darüber kam er ganz aus dem Conzept. „Nun wahrhaftig und wenn der bis ans Ende der Welt reist, er ist und bleibt ein Narr!" rief er den Studenten zu, und blies ganz wüthend weiter.

Unterdeß war die schöne gnädige Frau vor dem Rumor heimlich entsprungen, und flog wie ein aufgescheuchtes Reh über den Rasen tiefer in den Garten hinein. Ich sah es noch zur rechten Zeit und lief ihr eiligst nach. Die Musikanten merkten in ihrem Eifer nichts

davon, sie meinten nachher: wir wären schon nach dem
Schlosse aufgebrochen, und die ganze Bande setzte sich
nun mit Musik und großem Getümmel gleichfalls dorthin
auf den Marsch.

Wir aber waren fast zu gleicher Zeit in einem Som-
merhause angekommen, daß am Abhange des Gartens
stand, mit dem offnen Fenster nach dem weiten, tiefen
Thale zu. Die Sonne war schon lange untergegangen hinter den Bergen, es schimmerte nur noch wie ein röthli-
cher Duft über dem warmen, verschallenden Abend, aus
dem die Donau immer vernehmlicher herauf rauschte, je
stiller es ringsum wurde. Ich sah unverwandt die schöne
Gräfin an, die ganz erhitzt vom Laufen dicht vor mir
stand, so daß ich ordentlich hören konnte, wie ihr das
Herz schlug. Ich wußte nun aber gar nicht, was ich
sprechen sollte vor Respekt, da ich auf einmal so allein mit
ihr war. Endlich faßte ich ein Herz, nahm ihr kleines
weißes Händchen – da zog |134| sie mich schnell an sich
und fiel mir um den Hals, und ich umschlang sie fest mit
beiden Armen.

Sie machte sich aber geschwind wieder los und legte
sich ganz verwirrt in das Fenster, um ihre glühenden
Wangen in der Abendluft abzukühlen. – „Ach," rief ich,
„mir ist mein Herz recht zum Zerspringen, aber ich kann
mir noch alles nicht recht denken, es ist mir alles noch wie
ein Traum!" – „Mir auch," sagte die schöne gnädige Frau.
„Als ich vergangenen Sommer," setzte sie nach einer
Weile hinzu, „mit der Gräfin aus Rom kam, und wir das
Fräulein Flora glücklich gefunden hatten, und mit
zurückbrachten, von Dir aber dort und hier nichts hörten
– da dacht' ich nicht, daß alles noch so kommen würde!

Erst heut zu Mittag sprengte der Jokey, der gute flinke Bursch, athemlos auf den Hof und brachte die Nachricht, daß Du mit dem Postschiffe kämst." – Dann lachte sie still in sich hinein. „Weißt Du noch," sagte sie, „wie Du mich damals auf dem Balkon zum letztenmal sahst? das war grade wie heute, auch so ein stiller Abend, und Musik im Garten." – „Wer ist denn eigentlich gestorben?" frug ich hastig. – „Wer denn?" sagte die schöne Frau und sah mich erstaunt an. – „Der Herr Gemahl von Ew. Gnaden," erwiederte ich, „der damals mit auf dem Balkon stand." – Sie wurde ganz roth. „Was hast Du auch für Seltsamkeiten im Kopfe!" rief sie aus, „das war ja der Sohn von der Gräfin, der eben von Reisen zurückkam, und es traf grade auch mein Geburtstag, da führte er mich mit |135| auf den Balkon hinaus, damit ich auch ein Vivat bekäme. – [„]Aber deshalb bist Du wohl damals von hier fortgelaufen?" – „Ach Gott, freilich!" rief ich aus, und schlug mich mit der Hand vor die Stirn. Sie aber schüttelte mit dem Köpfchen und lachte recht herzlich.

Mir war so wohl, wie sie so fröhlich und vertraulich neben mir plauderte, ich hätte bis zum Morgen zuhören mögen. Ich war so recht seelenvergnügt, und langte eine Hand voll Knackmandeln aus der Tasche, die ich noch aus Italien mitgebracht hatte. Sie nahm auch davon, und wir knackten nun und sahen zufrieden in die stille Gegend hinaus. – „Siehst Du," sagte sie nach einem Weilchen wieder, „das weiße Schlößchen, das da drüben im Mondschein glänzt, das hat uns der Graf geschenkt, sammt dem Garten und den Weinbergen, da werden wir wohnen. Er wußt es schon lange, daß wir einander gut sind, und ist Dir sehr gewogen, denn hätt' er Dich nicht

mitgehabt, als er das Fräulein aus der Pensions-Anstalt
entführte, so wären sie beide erwischt worden, ehe sie
sich vorher noch mit der Gräfin versöhnten, und alles
wäre anders gekommen." – „Mein Gott, schönste,
gnädigste Gräfin," rief ich aus, „ich weiß gar nicht mehr,
wo mir der Kopf steht vor lauter unverhofften Neuig-
keiten; also der Herr Leonhard?" – „Ja, ja," fiel sie mir in
die Rede, „so nannte er sich in Italien; dem gehören die
Herrschaften da drüben, und er heirathet nun unserer
Gräfin Tochter, die schöne Flora. – Aber was nennst Du
mich denn Gräfin?" – Ich sah sie groß an. – |136| „Ich bin
ja gar keine Gräfin," fuhr sie fort, „unsere gnädige Gräfin
hat mich nur zu sich auf's Schloß genommen, da mich
mein Onkel, der Portier, als kleines Kind und arme Waise
mit hierher brachte."

Nun war's mir doch nicht anders, als wenn mir ein Stein
vom Herzen fiele! „Gott segne den Portier," versetzte ich
ganz entzückt, „daß er unser Onkel ist! ich habe immer
große Stücke auf ihn gehalten." – „Er meint es auch gut
mit Dir," erwiederte sie, „wenn Du Dich nur etwas
vornehmer hieltest, sagt er immer. Du mußt Dich jetzt
auch eleganter kleiden." – „Oh," rief ich voller Freuden,
„englischen Frack, Strohhut und Pumphosen und Sporen!
und gleich nach der Trauung reisen wir fort nach Italien,
nach Rom, da gehn die schönen Wasserkünste, und
nehmen die Prager Studenten mit und den Portier!" – Sie
lächelte still und sah mich recht vergnügt und freundlich
an, und von fern schallte immerfort die Musik herüber,
und Leuchtkugeln flogen vom Schloß durch die stille
Nacht über die Gärten, und die Donau rauschte dazwischen herauf – und es war alles, alles gut!

Aus dem Leben

eines

Taugenichts

und

das Marmorbild.

Zwei Novellen

nebst einem Anhange

von

Liedern und Romanzen

von

Joseph Freiherrn von Eichendorff.

Berlin, 1826.
In der Vereinsbuchhandlung.

Zu dieser Ausgabe

Zur Textgestalt

Joseph Freiherr von Eichendorff ging vor allem als der Dichter der Novelle *Aus dem Leben eines Taugenichts* in die Literaturgeschichte ein. Diese Erzählung entstand vermutlich zwischen 1817 und 1825. Das Datum ihrer Fertigstellung belegt ein Brief Eichendorffs vom 8. Oktober 1825 aus Königsberg an den befreundeten Publizisten, Verleger und Dichter Julius Hitzig (1780–1849). Darin vermeldet er ein Manuskript „aus drei Abtheilungen, nemlich aus einer Novelle: ‚Aus dem Leben eines Taugenichts‘, u. zwey Abtheilungen von Gedichten. Hierzu gehört aber noch eine andere Novelle: ‚Das Marmorbild‘, welche ich", so fügt der Brief erläuternd hinzu, „indeß nicht wieder habe abschreiben lassen, da sie bereits in Fouque's Frauentaschenbuch pro 1819" erschienen ist. Für *Das Marmorbild* muss also Fouque's Ausgabe als Druckvorlage angenommen werden, während für die Gedichte und den *Taugenichts* als Vergleichszeugen nur Eichendorffs Manuskripte in Frage kommen. Im Falle des *Taugenichts* haben sich aber weder Entwürfe zur endgültigen Fassung noch eine vollständige Reinschrift erhalten.

Da der Dichter die Reihenfolge der Texte dem Verleger überließ, stellte Hitzig in Abänderung von Eichendorffs Ordnung die neue, noch unbekannte Erzählung vom *Taugenichts* an den Anfang des Gesamtmanuskripts, das zur Ostermesse 1826 in der Vereinsbuchhandlung in Berlin unter folgendem Titel erschien: *Aus dem Leben eines Taugenichts und das Marmorbild. Zwei Novellen nebst einem Anhange von Liedern und Romanzen von Joseph Freiherrn von Eichendorff.*

Erst 16 Jahre später bringt der Verlag Simion in Berlin neben dem im gleichen Jahr 1842 erfolgten Abdruck im vierten Band der Gesamtausgabe von Eichendorffs *Werken* eine illustrierte Einzelausgabe des *Taugenichts*, die seine Popularität endgültig begründet und dieses Werk zum größten buchhändlerischen Erfolg Eichendorffs sowohl zu Lebzeiten als auch posthum werden läßt.

Der Text unserer Ausgabe folgt dem Erstdruck von 1826 zeichengenau in Orthographie und Interpunktion. Eingriffe in den Originaltext wurden nur bei offensichtlichen Satzfehlern vorgenommen (z.B. wurde „zn" durch „zu", „Dnnkel" durch „Dunkel", „nnn" durch „nun", „vorgeschodner" durch „vorgeschobner", „spraug" durch „sprang" oder „Garteu" durch „Garten" ersetzt). Angaben in eckigen Klammern sind Konjekturen, Hinzufügungen bzw. Verdeutlichungen des Herausgebers. Textanordnung (Absätze, Leerzeilen, Zentrierungen etc.) und Schriftgestaltung (Punktgröße, Auszeichnungen usw.) geben, ohne ein Faksimile ersetzen zu wollen, in modifizierter Form die originale Situation wieder. Die Ziffern zwischen den senkrechten Haarstrichen markieren die Paginierung des Erstdrucks.

GLOSSAR

abkonterfeyen: (lat./frz.) abbilden, porträtieren

akkompagnirten: (frz.) begleiteten

ambrasiren [embrassiren?]: (frz.) eventuell ein Wortspiel mit „rasieren" und „umarmen", „küssen"

Amour: (frz.) Liebschaft

appliziren: (lat.) anwenden, anbringen; hier: sich widmen, zuwenden, konzentrieren auf

arriware: (ital. arrivare) = ankommen

attent: (frz.) aufmerksam, wachsam, auf dem Sprung sein

Aurora musis amica: (lat.) = „Die Morgenröte ist die Freundin der Musen"

Bagage: (frz.) veraltet für Gepäck

balbiert: (von frz. barbier = Barbier, Bader) den Bart stutzen, rasieren; die Redewendung *„übern Kochlöffel balbiert"* bedeutet so viel wie „betrogen", ist hier jedoch ganz wörtlich zu verstehen; zur Erleichterung der Rasur bei schon fehlenden Zähnen nahm der Kunde einen Holzlöffel in den Mund

Bandelier: (frz.) ursprünglich breiter Schulterriemen als Patronengurt; hier „Schulterband"

Basilisk: Fabeltier mit tödlichem Blick

Bastionen: (frz.) Festungsbollwerke; hier verallgemeinert im Sinne von „Hemmnis", „Hindernis", „Schranke"

Beatus ille homo...: (lat.) = „Glücklich jener Mensch, ..."

Boreas: eigentl. Nordwind im Gebiet des Ägäischen

Meeres; dichterisch (veraltet) für „kalter Nordwind"

Brevier: Gebetbuch des kath. Klerikers mit den Stunden-
gebeten

Clericus clericum non decimat: (lat.) = Ein Geistlicher erleich-
tert keinen Geistlichen

Collation: (lat.) kleine Erfrischung, Imbiss

Come è bello!: (ital.) = „Wie schön er ist!"

Condition: hier: Stellung, Dienst (antreten)

Courage / couragiösesten: Mut, mutigsten, beherztesten

deliziöser: köstlicher

desperate: (lat.) verzweifelte

Devotion: (lat.) Ehrerbietung

diskuriren / Diskurse: (lat.) einen Diskurs führen, sich unter-
halten; Gespräche, Erörterungen

distinguendum est inter et inter: (lat.) = „Man muss (einfach)
unterscheiden"

Divertissement: (frz.) Tanzeinlage

Dreistutzer: Dreispitz; Hut mit drei Ecken

Duca: (ital.) Herzog

Drei-Männer-Wein: um den sauren Wein aus der Traminer-
Traube zu trinken, sind drei Männer nötig: einer, der
ihn einflößt, einer, der ihn trinkt, und einer, der den
Trinkenden festhält

embrassiren: (frz.) umarmen, küssen; →ambrasiren

Engländer: gestutztes, kurzes Pferd aus englischer Zucht

Et habeat ... fornacem: (lat.) = „Der habe guten Frieden, der
hinterm Ofen sitzt"

Faulbettchen: veraltet für Sofa

Feldscheer: Bader und Wundarzt beim Militär

felicissima notte!: (ital.) = „Eine recht gute Nacht!"

Filet: (frz.) feine Netzarbeit, Netzstoff

Fistel: Kopfstimme

Flechsen: Sehnen

Freischützen: die Oper „Der Freischütz" von Carl Maria von Weber (1786–1826) wurde 1821 in Berlin uraufgeführt und erfreute sich sofort einer ungeheuren Popularität

furfante: (ital.) = Spitzbube, Strolch

Galanterie: (frz.) geschmeidiges Verhalten besonders im Umgang mit dem weiblichen Geschlecht

Gebauer: veraltet für Vogelbauer; Vogelkäfig

Herbarien (Herbarium): systematisch angelegte Sammlung gepreßter Pflanzen

herumvagieren: (abgeleitet von Vagabund) herumschweifen

hineinparlirte: hineinredete; →parlieren

Hoppevogel: Wiedehopf

Hummelschen Bilde: es handelt sich um das Bild „Die Gesellschaft in einer italienischen Locanda" von Johann Erdmann Hummel (1769–1852); E.T.A. Hoffmann (1776–1822) beschreibt es zu Beginn seiner Erzählung „Fermate", die im Frauentaschenbuch für 1816 erschienen war

hundsföttische: schurkische, gemeine

Idio [Iddio] und cuore und amore und furore: (ital.) = „Gott und Herz und Liebe und Raserei"

Jagdhabit: (lat./frz.) Jagdkleid, Jägerrock

Kadenzen: (lat./ital.) Akkordfolgen bzw. virtuose, von jeweiligen Interpreten frei erfundene Paraphrasierungen der auskomponierten Hauptthemen

Kamisol: (ital.) Unterjacke, Wams

Kanapee: (frz.) Sitzsofa

Kapriolen: (ital.) wunderliche Luftsprünge

Kaputrock: Kapuzenmantel

Karlsbade: der böhmische Ort Karlsbad war sowohl berühmt für seine Bade- und Trinkkuren als auch berüchtigt für die 1819 erlassenen restaurativen „Karlsbader Beschlüsse"

Kavalier: Standesbezeichnung; Edelmann, Reiter, Ritter

Klafter: altes Längen- und Raummaß

Knollfink: Schimpfwort; plumper, grober Kerl

Kollegium: Vorlesungsstunde an einer Universität bzw. Veranstaltungsgebäude

kommode / Kommodität: (lat./frz.) bequem, angenehm; Bequemlichkeit

Kompendien: (lat. Sing. Kompendium) kurzgefasste Lehrbücher

Kondiszipels: (lat.) Mitstudenten, Kommilitonen

Konduite: (frz.) Lebensart, gutes Benehmen

Konfrater: (lat.) Mitbruder

Kopf-Tremulentzen: (lat.) Bildung aus „tremolieren" (= flackern, beben, zittern) und „Turbulenzen" (= Unruhe, Wirbel, Durcheinander); Kopfzittern, Verrenkungen, Grimassen

Kourage / kouragiösesten: →courage / couragiösesten

Kratzfüße: übertriebene Verbeugungen, bei denen der Fuß in Analogie zum Hofknicks nach hinten gezogen wird

kurios: sonderbar, seltsam

Ladstock: Stab zum Einführen der Munition in den Gewehrlauf

Leonardo da Vinci (1452–1519): ital. Maler und verehrtes Vorbild für die Romantiker wie die Nazarener

lüderlich: liederlich, verwahrlost

ludi magister: (lat.) = „Meister des Spiels"

Magelone, der schönen: sagenhafte Königstochter; das Volksbuch des 16. Jh.s hatte der Dichter Ludwig Tieck 1797 neu herausgegeben

martialischen: (lat.) kriegerischen

Melancholie: Schwermut, Trübsinn, grundlose Trauer

Meriten: (lat. Sing. Meritum) Verdienste

Metier: (frz. métier) Gewerbe, Beruf, Geschäft

odi profanum vulgus et arceo: (lat.) = „Ich hasse das gemeine Volk und halte es fern" (Horaz: Oden, III,1,1)

Ornate: (lat.) feierliche Amtstracht; Krönungskleider

Päonie: Pfingstrose

Parasol: (frz.) Sonnenschirm

Parlez-vous françois?: (frz. richtig „Parlez-vous français?") = „Sprechen Sie Französisch?"; der Taugenichts macht hier wie auch an anderen Stellen Fehler, wenn er versucht, über seinem Niveau zu sprechen

parlierten: (frz.) redeten, plauderten, Konversation machten

Parol: Kennwort, Losung

Passage: (frz.) musikalische Tonfolge, Wendung, Lauf

passatim: vielleicht ein Spiel mit lat. „passim" (= da und dort, zerstreut) und einem Wort der Studentensprache „gassatim" (= in den Gassen auf und ab gehen); herumschlendern

perfektionieren: (lat.) vollenden, vervollkommnen

Pike: (Pik) umgangssprachl. für „heimlichen Groll"

Pommeranzen: (pers./ital. eigtl. Pomeranzen) bittere Apfelsinensorte

Poperenzen: Verballhornung von „Pomeranzen"

point d'honneur: (frz.) Ehrgefühl

poverino!: (ital.) = armer Kleiner, Ärmster!

Qui sedet in sua domo ... pacem!: (lat.) = „der in seinem Hause und hinter dem Ofen sitzt und guten Frieden hat"

quod licet Jovi, non licet bovi: (lat.) = „Was Jupiter erlaubt ist,
    ist dem Ochsen (noch lange) nicht erlaubt"

Rage: (frz.) Wut, Raserei, Übereifer

Raison: (frz.) Vernunft, Einsicht

rekommandirt: (frz.) empfohlen

Reni, Guido (1575–1642): ital. Maler

repetiren: wiederholen; hier: die Zeit durch das Schlagwerk
    der Repetieruhr nochmals anzeigen lassen

Reputation: (lat.) Ansehen, guter Ruf

Reverenz: (lat.) durch eine Verbeugung seine Ehrerbietung
    bekunden

Rumor: (lat.) Lärm, Unruhe

Säkulum: (lat.) Jahrhundert

Satyr: in der griech. Mythologie ein Waldgott mit mensch-
    lichem Oberkörper und Bocksbeinen

Schnaphahn: Strauchdieb, Wegelagerer, Straßenräuber

Schnipper: Stirnläppchen bei Hauben

Serenade: (ital.) Abendmusik, Abendständchen

Sermone: (lat.) Reden, Predigten

Servitore: (ital.) = Diener

Stampe: Trinkglas

Tableau: (frz.) Bild; wirkungsvoll gruppiertes ‚lebendes Bild'

Transport ... Latus: Fachbegriffe des Buchhalters; Transport
    = Übertrag, Latus (lat. Seite) = Seitenbetrag

Tulipane: (pers./türk./ital.) Tulpe

vacirst: (lat.) bist ohne Anstellung; →Vakanz

Vakanz: (lat.) freie Stelle, Ferien

Valet: (lat.) Lebewohl, Abschied

Vehementz / Vehemenz: Heftigkeit, Ungestüm, Schwung

Venit ex sua domo...: (lat.) = „Kommt er (der Wirt, jener
    glückliche Mensch) aus seinem Haus"

verwenden: abwenden

Viatikum: (lat.) Wegzehrung

Vivat: (lat.) Hochruf; „Er lebe (hoch)!"

W.: Wien

Wunderhörner: Anspielung auf die Liedersammlung „Des Knaben Wunderhorn" (1806–1808) von Clemens Brentano und Achim von Arnim

Daten zu Leben und Werk
Joseph Freiherr von Eichendorff
(1788–1857)

1788–1801 Lubowitz bei Ratibor in Oberschlesien

1788   10. März: Joseph Karl Benedikt Freiherr von Eichendorff wird auf Schloss Lubowitz geboren. Er ist das zweite von sieben Kindern der Karoline Freiin von Kloch (1766–1822) und ihres Gatten Adolf Theodor Rudolf von Eichendorff (1756–1818). Die beiden hatten 1784 geheiratet und Schloss Lubowitz, das die Freifrau in die Ehe einbrachte, zum Wohnsitz der Familie gewählt. Eichendorff ist katholisch; von seinen Geschwistern überleben nur der ältere Bruder Wilhelm (1786–1849) und die jüngste Schwester Louise (1804–1883).

1794   26. Oktober: Erster erhaltener Brief aus Prag.

1798   Erste Tagebuchnotizen, selbstillustrierte Abhandlungen und erste dramatische Entwürfe entstehen.

1799   Juni: Reise über Dresden nach Karlsbad und Prag.

1800   12. November: Beginn eines bis zum 5. März 1812 regelmäßig geführten Tagebuchs, begleitet von buntgemischten, aber bleibenden Lektüreeindrücken aus Ritter- und Räuberromanen, Trivialkomödien, populärphilosophischen Abhandlungen, Klassikern und aus den deutschen Volksbüchern.

1801   Juni: Der Vater flieht vor seinen Gläubigern.

5. Oktober: Eintritt in das Matthias-Gymnasium in Breslau.

1801–1805 BRESLAU

1801 November: Eichendorff beginnt, häufig das Theater zu besuchen; er wirkt an Aufführungen des Schülertheaters mit.

1802 In den folgenden Jahren entstehen zahlreiche Gedichte nach klassischen und zeitgenössischen Vorbildern.

16. Mai: Erster Unterricht in Griechisch; außerdem Privatstunden in Französisch und Zeichnen.

1804 Juli und August: Abschlussexamina.

Oktober: Hospitationen an der Universität.

1805 25. März: Abschluss der Studien in Breslau.

Ende April: Fahrt von Breslau nach Halle.

1805–1807 HALLE

1805 Anfang Mai: Beginn des juristischen Studiums in Halle.

28. Juni: Wanderung nach Leipzig, um Iffland in der Rolle des Franz Moor zu sehen.

3. August: Wanderung nach Lauchstädt, wo in Anwesenheit Goethes der *Götz von Berlichingen* gespielt wird.

10. – 27. September: Reise durch den Harz nach Hamburg und Lübeck.

1806 Anfang August: Ferienreise nach Lubowitz.

14. Oktober: Schlacht bei Jena und Auerstedt. Napoleon auf dem Höhepunkt seiner Macht.

19. Oktober: Schließung der Universität Halle.

1807 März: Entschluss, in Heidelberg zu studieren.

1807–1808 HEIDELBERG

1807 17. Mai: Ankunft in Heidelberg. Vorlesungen bei Joseph von Görres (1776–1848) und Umgang mit dem Grafen von Loeben (1786–1825).

Dezember: Lektüre von *Des Knaben Wunderhorn*.

1808 Januar: Gedichte im Stil Loebens; sie erscheinen unter dem Pseudonym „Florens" in der *Zeitschrift für Wissenschaft und Kunst*, die Friedrich Ast herausgibt.

5. – bis 4. Mai: Bildungsreise nach Paris.

13. Mai: Abreise aus Heidelberg. Von Regensburg geht es mit dem Postschiff nach Wien.

Juli: Rückkehr nach Lubowitz.

1808–1810 LUBOWITZ – BERLIN – LUBOWITZ

1809 Winter: Als erste Prosadichtung entsteht das Märchen *Die Zauberei im Herbste*.

Frühjahr: Nähere Bekanntschaft mit Aloysia (Louise) von Larisch (geb. 1792), seiner nachmaligen Gattin.

Herbst: Reise nach Berlin, um Loeben wiederzusehen. Bekanntschaft mit Arnim, Brentano, Adam Müller und Kleist; Vorlesungen bei Fichte.

Dezember bis Februar: Hartnäckiges Nervenfieber.

1810 10. März: Rückkehr nach Lubowitz.

Sommer: Beschluss, in Wien Examen zu machen zwecks Anstellung im österreichischen Staatsdienst. Zum Abschied von Lubowitz entstehen die Lieder *Wer hat dich, du schöner Wald* und *O Täler weit, o Höhen*; vermutlich auch *In einem kühlen Grunde*.

Spätherbst: Reise nach Wien.

1810–1813 Wien

1810   29. November: Immatrikulation für das Fach Jura.

1811   Verkehr im Hause von Friedrich und Dorothea Schlegel; Freundschaft mit dem Maler Philipp Veit.
Juli: Arbeit an dem Roman *Ahnung und Gegenwart*.

1812   5. März: Mit diesem Tag endet das erhaltene Tagebuch, das jedoch noch einige Jahre weitergeführt wird.
September: Letzte Examina mit Auszeichnung.
Oktober: Abschluss von *Ahnung und Gegenwart*.

1813–1816 Befreiungskriege

1813   17. März: Friedrich Wilhelm III. erlässt den Aufruf „An mein Volk".
5. April: Eichendorff verlässt Wien und rückt in Breslau als Jäger des Lützowschen Freikorps ein.
16. – 19. Oktober: Völkerschlacht bei Leipzig.

1814   Januar: Garnisonsdienst in der Festung Torgau.
6. April: Abdankung Napoleons.
Juni: Beurlaubung und Rückkehr nach Lubowitz.

1815   März: Anstellung als Sekretär beim Oberkriegskommissariat in Berlin.
1. März: Napoleon kommt von Elba zurück.
Ostern: *Ahnung und Gegenwart* erscheint in Nürnberg.
7. April: Gegen den Willen der Mutter heiratet Eichendorff in Breslau Louise von Larisch.
22. April: Reise nach Lüttich zum erneuten Kriegsdienst gegen Napoleon.
18. Juni: Niederlage Napoleons bei Waterloo.
7. Juli: Eichendorff rückt unter Blücher in Paris ein.
30. August: Geburt des ersten Sohns Hermann Joseph.

1816   Januar: Abschied von der Armee.

1816–1820 BRESLAU

1816 Juni: Umzug nach Breslau und Vorbereitung auf das Eintrittsexamen in den Staatsdienst.
Dezember: Anstellung als Referendar.

1817 März: Fertigstellung der Novelle *Das Marmorbild*; Beginn der Arbeiten am *Taugenichts*.

1818 27. April: Tod des Vaters. – Verkauf aller verschuldeten Güter bis auf Lubowitz und Sedlnitz.

1819 Herbst: *Das Marmorbild* erscheint in Fouqués *Frauentaschenbuch für das Jahr 1819*.
16. Oktober: Assessorprüfung in Berlin.
Dezember: Anstellung als Assessor in Breslau.

1820 12. – 20. Mai: Urlaubsreise nach Wien.

1821–1824 DANZIG

1821 Januar: Kommissarische Übernahme des Amts eines katholischen Kirchen- und Schulrats.
September: Ernennung zum Regierungsrat.

1822 5. April: Die einjährige Tochter Agnes stirbt.
15. April: Tod der Mutter. Verkauf von Lubowitz.

1823 Herbst: Dienstverpflichtung als Vertretung in Berlin.
Dezember: Das dramatische Märchen *Krieg den Philistern!* erscheint bei Ferdinand Dümmler in Berlin.

1824–1831 KÖNIGSBERG

1824 Juni: Versetzung als Oberpräsidialrat nach Königsberg.

1826 April: Zur Ostermesse erscheint in Berlin der Erstdruck des *Taugenichts* zusammen mit dem *Marmorbild* und einem Anhang von Gedichten.

1827 Gubitz veröffentlicht in seiner Zeitschrift *Der Gesellschafter* die Tragödie *Meierbeths Glück und Ende*.

Sommer / Herbst: Urlaub auf dem Gut der Schwie-
gereltern in Pogrzebin.

1828 Das Trauerspiel *Ezelin von Romano* erscheint im
Verlag der Gebrüder Bornträger in Königsberg.

1830 Der Verlag Gebrüder Bornträger nimmt das Trauerspiel *Der letzte Held von Marienburg* in Kommission.

1831–1844 BERLIN

1831 1. August: Beginn einer Tätigkeit als Hilfskraft an
verschiedenen Ministerien.
Besuch der sog. Berliner Mittwochsgesellschaft.

1832 24. März: Die eineinhalbjährige Tochter Anna Hed-
wig stirbt. Gedichtzyklus *Auf meines Kindes Tod.*
April: Der *Gesellschafter* bringt die satirische Erzählung *Viel Lärmen um nichts.*

1833 Das Lustspiel *Die Freier* erscheint in der Brod-
hag'schen Buchhandlung in Stuttgart.

1834 Der Roman *Dichter und ihre Gesellen* wird bei
Duncker und Humblot in Berlin veröffentlicht.

1836 Beginn spanischer Sprach- und Literaturstudien.
Herbst: Die Erzählung *Das Schloß Dürande* wird in
Urania. Taschenbuch für das Jahr 1837 gedruckt.

1837 Januar: Bei Duncker und Humblot in Berlin erscheint die erste Gesamtausgabe der *Gedichte von
Joseph Freiherrn von Eichendorff.*

1838 Mai und Juni: Reise nach München (Wiedersehen
mit Görres und Brentano) und Wien.

1839 Brockhaus druckt in der *Urania. Taschenbuch für das
Jahr 1839* die Novelle *Die Entführung.*

1840 Oktober: Die Übersetzung von Juan Manuels *Der
Graf Lucanor* erscheint bei Markus Simion in Berlin.

November: Das *Rheinische Jahrbuch für Kunst und Poesie* (1841) veröffentlicht die Novelle *Die Glücksritter.*

1841 Januar: Ernennung zum Geheimen Regierungsrat.
August: Der erste Band einer vierbändigen *Gesamt-Ausgabe* der Werke erscheint bei Simion in Berlin.

1842 Februar: Der vierte und letzte Band der *Gesamt-Ausgabe* der Werke Eichendorffs erscheint.

1843 Frühjahr: Schwere Lungenentzündung.

1843–1845 Danzig

1843 Juni: Reise nach Danzig.
Sommer: Arbeit an einer im Auftrag des Königs zu schreibenden Geschichte der Marienburg.
August: Gesuch um Entlassung aus dem Staatsdienst.

1844 30. Juni: Eichendorff scheidet aus dem Staatsdienst.

1845 Sommer: Reise nach Wien und Mähren.

1846–1847 Wien

1846 September: Reise mit der Familie nach Wien. Lebhafter Austausch mit vielen bedeutenden Persönlichkeiten (u.a. Stifter und Grillparzer).
Die Artikelserie *Zur Geschichte der neuern romantischen Poesie in Deutschland* erscheint in den *Historisch-politischen Blättern.*
November: Der 1. Band der Übersetzungen von Calieróns *Geistlichen Schauspielen* erscheint.

1847 Juni: Rückkehr nach Danzig.

1847–1848 Berlin

1847 Dezember: Übersiedlung nach Berlin.

1848 10. März: Feier des 60. Geburtstags.

1848–1849 DRESDEN

1848 Die Märzereignisse in Berlin veranlassen Eichendorff, nach Köthen und Dresden zu ziehen.

1849 März: Arbeit an der Satire *Libertas und ihre Freier*.
September: Rückkehr nach Berlin.

1849–1855 BERLIN

1851 Zur Herbstmesse veröffentlicht Brockhaus in Leipzig die Abhandlung *Der deutsche Roman des 18. Jahrhunderts in seinem Verhältnis zum Christentum*.

1853 April: Bei Simion in Berlin wird die Verserzählung *Julian* ausgeliefert.
September: Der 2. Band der *Geistlichen Schauspiele von Calderón* erscheint wiederum bei Cotta.
November: Verleihung des „Maximiliansordens".

1854 Juni: Die Schrift *Zur Geschichte des Dramas* erscheint bei Brockhaus in Leipzig.

1855 Januar: Schwere Erkrankung der Gattin.

1855–1857 NEISSE

1855 November: Übersiedlung nach Neiße.
3. Dezember: Louise von Eichendorff stirbt.

1856 Dezember: Bei Schöningh in Paderborn erscheint mit der Jahreszahl 1857 die *Geschichte der poetischen Literatur Deutschlands*.

1857 Februar: Das Versepos *Lucius* wird vollendet.
18. November: Eichendorff erkrankt.
26. November: Tod des Dichters in Neiße.

AUS DEM LEBEN EINES TAUGENICHTS

Im Jahre 1811/12 legte Joseph Freiherr von Eichendorff (1788–1857) seine Referendarprüfung ab. Die Befreiungskriege, an denen der Dichter zwischen 1813 und 1816 als Freiwilliger im Lützowschen Freikorps teilnahm, unterbrachen jedoch den normalen Gang der Ereignisse. Deshalb begann Eichendorff, wirtschaftlich ziemlich eingeengt, sein Referendariat erst mit langjähriger Verzögerung 1816 in Breslau. Als er 1821 zum Regierungsrat ernannt und nach Danzig versetzt wurde, besserte sich zwar seine angespannte wirtschaftliche Lage, doch der Tod eines Kindes und seiner Mutter im April 1822 sowie der endgültige Verlust aller schlesischen Güter standen einer unbeschwerten Situation entgegen. Zudem ließen die fast immer untergeordneten, aber aufreibenden Amtsverpflichtungen kaum Freiraum für dichterische Arbeit.

In diese Jahre beruflicher, wirtschaftlicher und familiärer Sorgen fällt die Entstehung von Eichendorffs berühmtester Novelle *Aus dem Leben eines Taugenichts*. So nennt der Vater seinen Sohn, der lieber auf der Türschwelle der Mühle in der Sonne träumt, als in ihr fürs tägliche Brot zu arbeiten. Er schickt ihn deshalb in die Welt hinaus. Singend und auf seiner Geige spielend fällt dem harmlos glücklichen Burschen trotz ungebundenen Wanderlebens sein Unterhalt zu. Zwei adelige Damen nehmen ihn in ihrer Kutsche nach Wien auf ihr Schloss mit, wo er sich verliebt.

Da ihm seine Geliebte aus Standesgründen aber unerreichbar scheint, beschließt er, ihr zu entsagen und nach Italien zu gehen. Auf dem Weg in die Lombardei fällt er zwei abenteuerlichen Reitern in die Hände, die den Taugenichts in Angelegenheiten verwickeln, von deren Zwecken und Zielen das in jede Naturschönheit verliebte Glückskind nichts versteht. Er flieht nach Rom, glaubt dort seine „liebe gnädige Frau" wiederzufinden und muss erfahren, dass er nur falschem Schein erlegen ist. Unter nicht minder turbulenten Umständen verläuft die Rückreise, an deren glücklichem Ende sich die „geliebte gnädige Frau" als dem Stande des Taugenichts angemessen erweist, so dass einer Heirat nichts mehr im Wege steht.

Die Geschichte dieses Müllerjungen, der ziellos in die Welt hinauszieht und nach mancherlei Wechselfällen und Abenteuern sein Glück macht, steht in krassem Gegensatz zu den Lebens- und Zeitumständen ihrers Verfassers. Ein erster Hinweis auf die Erzählung, die gerne als das charakteristischste literarische Dokument für das Lebensgefühl der Spätromantik bezeichnet wird, findet sich im Oktober 1817. Die Arbeit an der in bewusst naivem Erzählton und in der Ichform gehaltenen Geschichte, die in ihrer heiteren Märchenschlichtheit auch eine außerordentliche Leichtigkeit in der Entstehung suggeriert, zieht sich jedoch über lange Jahre hin. Die Leichtigkeit ist schwer erarbeitet, und der Text fließt Eichendorff eher stockend aus der Feder. Im Jahre 1823 erscheint in der Breslauer Zeitschrift *Deutsche Blätter für Poesie, Litteratur, Kunst und Theater* (26. September bis 7. Oktober) *Ein Kapitel aus dem Leben eines Taugenichts*. Es entspricht ohne große Abweichungen den beiden ersten Kapiteln des späteren Erstdrucks von 1826;

der Vorabdruck legt aber dennoch die Vermutung nahe, dass zum Zeitpunkt seiner Veröffentlichung keineswegs eine vollendete Fassung der Erzählung existiert hat. Immerhin grübelt Eichendorff noch 1823 über einer Schlussvariante der Geschichte. Die weitere Entwicklung lässt sich jedoch nicht verfolgen, da keinerlei Entwürfe und erläuternde Äußerungen Eichendorffs vorliegen. Das Inkognito, das Eichendorffs Lebensform werden sollte, beginnt sich bereits in der Entstehungsgeschichte des *Taugenichts* abzuzeichnen und wird bis zum Ende seines Lebens bestimmendes Gesetz bleiben.

Das mit Brief an Julius Eduard Hitzig vom 8. Oktober 1825 aus Königsberg, wohin Eichendorff 1824 versetzt worden war, vermeldete Manuskript, das durch die Umstellung der von Eichendorff vorgeschlagenen Reihenfolge der Sammelpublikation den Titel gab, wurde im Freundes- und Bekanntenkreis des Dichters zwar als kleine Sensation empfunden, stieß bei der zeitgenössischen Kritik jedoch keineswegs überall auf begeisterte Zustimmung. Am ablehnendsten war das anonym erschienene Votum von Wolfgang Menzel (1798–1873) im *Literatur-Blatt* vom 8. August 1826. Er schrieb: „Man erwartet etwas Komisches und findet nur langweilige Rührung. Der Taugenichts taugt auch gar nichts, und hat nicht einen Fetzen von jener göttlichen Bettelhaftigkeit der Tagediebe bey Shakespeare und Cervantes, es fehlt ihm alles, was man Humor nennt.“

Mitnichten galt der Eichendorffsche *Taugenichts* also von allem Anfang an als das Abbild der romantischen Poesie schlechthin (so 1838 der Ästhetiker Karl Rosenkranz), als „eine von den paar kleinen Vollkommenheiten der Weltliteratur", als „eine von den allerreifsten, allerzartesten, allerköstlichsten Früchten am Baum der bisherigen Menschheit" (so der Dichter Hermann Hesse). Solange die frühromantische Auffassung noch Gültigkeit beanspruchen konnte, wonach das Kriterium der Reflexion und des poetischen Selbstbewusstseins der Probierstein der wahren Poesie sei, musste die scheinbar schlichte Heiterkeit, Naivität und Bewusstlosigkeit von Held und Text sich als bloße Oberfläche romantischer Tiefe darstellen. Erst mit dem Verblassen der frühromantischen Doktrin konnte der *Taugenichts* zum Inbegriff deutscher, auf ewig unschuldig gebliebener gemütvoller Romantik werden, das Abbild der deutschen Volksseele, der Garant des deutschen Waldes, der Heimat und des Wanderns, und Eichendorff ihr liebster Poet.

Dieser Stilisierung war ein Umstand besonders dienlich: die nachhaltige und die Wirkung der Novelle überflügelnde Rezeption der dem Müllerburschen in den Mund gelegten Lieder. Sie wurden in zahlreichen Vertonungen für den Kunstgesang wie für die aufblühenden Männergesangsvereine und Liedertafeln „volkstümlich" in des Wortes ursprünglichster Bedeutung. Als Gemeingut ließen sie ihren Urheber vergessen: „Wem Gott will rechte Gunst erweisen", „Nach Süden nun sich lenken / die Vöglein allzumal". Durch diese Rezeptionsgeschichte war Eichendorff als ein moderner, interessanter Autor bis in die jüngste Vergangenheit abgeschrieben. Zudem bot seine Biographie im Gegensatz zu den Lebensläufen Hölderlins, Kleists oder Büchners kein spektakuläres Scheitern, keine Brüche, kein intellektuelles Profil, keinen kühnen gesellschaftlichen Entwurf, keinen sprachlichen

oder denkerischen Vorstoß und Vorgriff ins Zukünftige.
Seine Gestrigkeit erschien als Vorgestrigkeit, aus der un-
schuldigen Heiterkeit wurde unter diesen Vorzeichen
bornierteste Naivität. Eichendorffs bescheidener poeti-
scher Bilderschatz geriet zur Klischeesammlung, ja der
postulierte Volksdichter, der mit dem *Taugenichts* die „Ver-
körperung des deutschen Gemüts" (Theodor Fontane)
schuf, konnte über die wandersüchtige Jugendbewegung
der Jahrhundertwende sogar zum marschierenden Vor-
sänger des Nationalsozialismus uminterpretiert und um-
funktioniert werden.

Dass in Eichendorffs von gleicher Grundmelodie und
der Wiederkehr derselben Bilder getragenem Text eine
Figur singt, deren missverstandene Einfachheit zur Vollen-
detheit ihrer Lieder in entschiedenem Widerspruch steht,
deren Lebensweise jeder bürgerlichen und philiströsen
Sicherheits- und Vorteilsorientiertheit völlig abhold ist,
haben erst die Interpretationsansätze der Nachkriegsger-
manistik zurechtzurücken begonnen. Mit Hilfe der genau
lesenden Arbeiten von Richard Alewyn oder Oskar
Seidlin konnte nach und nach ein bisher weitgehend
unbekannter Eichendorff entdeckt werden, der jenseits
des Volks- und Heimatdichters in seinen religiösen, gleich-
wohl fragilen und tiefenpsychologisch deutbaren Bildern
nicht weniger im Herzen schauern machen kann als seine
aufbegehrend scheiternden Dichterkollegen, die unsere
Erfahrungen der Moderne ohne Umweg bestätigen. Das
Verlorene ist auch bei Eichendorff verloren, aber es leuch-
tet wenigstens noch auf bei ihm. Unter den Vorzeichen
der Neuzeit scheint die Schlusswendung der *Taugenichts*-
geschichte ein Ärgernis zu sein, eine provokative Zu-

mutung an alle nachaufgeklärte Erfahrung: „– und es war alles, alles gut!" Relativiert wird dieses Ärgernis jedoch durch den Umstand, dass die Formel nicht etwa wie bei Goethe – „Wie es auch sei, das Leben, es ist gut" (*Der Bräutigam*) – im Präsens, sondern in der Vergangenheitsform ausgesprochen wird, dass Eichendorff zumindest rückwärts in die Moderne weist. Er zeigt mit kritischem Finger immer nur indirekt dorthin, wo die Einheit von Natur und Geist nicht mehr gegeben ist, wo die Grundmelodie Misston geworden ist, wo Aufklärung in dialektischem Umschlag als Maschinenwesen erfahren wird, das sich im Philister, dem platten Materialisten verkörpert.

Der Gegensatz solcher Verhältnisse spiegelt sich in einer von Eichendorff mit überlegener Ironie gestalteten Miniaturszene, die sich gleichzeitig als eine treffliche Parodie auf deutsche klassische Italiensehnsüchte entpuppt. „Endlich", so erzählt der Taugenichts, „kam ein Bauer des Weges daher, der, glaub ich, nach der Kirche ging, da es heut eben Sonntag war, in einem altmodischen Ueberrocke mit großen silbernen Knöpfen und einem langen spanischen Rohr mit einem sehr massiven silbernen Stockknopf darauf, der schon von weiten in der Sonne funkelte. Ich frug ihn sogleich mit vieler Höflichkeit: ,Können Sie mir nicht sagen, wo der Weg nach Italien geht?' – Der Bauer blieb stehen, sah mich an, besann sich dann mit weit vorgeschobner Unterlippe, und sah mich wieder an. Ich sagte noch einmal: ,nach Italien, wo die Pommeranzen wachsen.' – ,Ach was gehn mich seine Pommeranzen an!' sagte der Bauer da, und schritt wacker wieder weiter. Ich hätte dem Manne mehr Konduite zugetraut, denn er sah recht stattlich aus." (|34/35|)

Gegen das Diktat des Geldes, gegen ökonomische Vernunft, gegen den Glauben an die absolute Verfügbarkeit von Gottes Schöpfung sowie an Herstellbarkeit und Machbarkeit sind die Eichendorffschen Sprach- und Bildformeln gesetzt, die nicht Klischee sind, Stereotyp und Worthülse, sondern ihrerseits bereits Zitat von romantischem Formelgut, Weiterdichtung nämlich von Volkslied und Volkspoesie. Diese Formeln aus Formeln formulieren nicht Wirklichkeit, bilden nicht mimetisch ab. Der realistische Tick bei der Lektüre Eichendorffs hat ungeheure Missverständnisse aufgebaut. Ein Schloss bei Eichendorff ist, so die Einsicht, die Seidlin vermitteln konnte, kein Schloss, sondern ein Gefängnis. Die verwilderten Gärten, die Morgenglocken, die Wälder, Täler und Höhen, das Wetterleuchten und die „schöne" Waldeinsamkeit, die Nachtigallen, Posthörner, die lockenden Klänge der Ferne wie die Sehnsucht nach Heimat, Glück, Geborgenheit und Liebe sind keine beschwörenden Bilder für Wirklichkeit. Sie sind selber Klang, Grundmelodie, Lied, Gedicht, sind oft allegorische Verweisung auf transzendent Verborgenes, sind im besten Fall wie die Bilder Caspar David Friedrichs Symbolik für eine unbeschreibliche Sehnsucht, ein Heimweh nach fernster und tiefster Heimat, von der des Taugenichts zum guten Ende der Geschichte gewonnene Heimat nur der liebliche Widerschein, nur ein Gleichnis ist.

Keiner hat wie Eichendorff in endloser Variation dieses eine Gedicht geschrieben, das in zwei Zeilen zu fassen ist:

„Ach, die Heimat hinter den Gipfeln,
Wie liegt sie von hier so weit." (|72|)

Alle Lieder Eichendorffs klingen wie der Kehle seines

Sängerdichters (*Der neue Troubadour* sollte die Geschichte ursprünglich einmal heißen) entsprungen, klingen wie von seiner Geige begleitet. Keiner führt unentwegter und fröhlicher vor, dass alle springlebendige Nichtstuerei, dass ungebändigte, ziellos kindliche Dynamik, dass seine auf paradoxe Art vehement aktive Faulheit stets auf jenes Ziel hin unterwegs ist, das Novalis im *Heinrich von Ofterdingen* (Teil II, |23|) intellektueller vorgegeben hat:

„Wo gehen wir denn hin? – Immer nach Hause."

Eichendorffs *Taugenichts* antwortet das Nämliche, indem der Taugenichts auf Reisen geschickt wird, deren einziges Ziel es ist, heimzukommen. Da es nicht in intellektueller Manier geschieht, nicht durch Reflexion gebrochen wird, geschieht dieses Reisen auch nicht in jener Traurigkeit, die in nachaufgeklärter Zeit allen Glauben an zu gewinnende Heimat zunichte gemacht hat. Gott hat, kraft Autors Willen, des Taugenichts Herz vor jener altmodernen *tristitia* in alle Ewigkeit geschützt, die sich einstellt, wenn das Ziel als verloren geglaubt wird. Wir dagegen müssen paradoxerweise Gott um Schutz vor jener Traurigkeit bitten, den sie uns leugnet oder zumindest fraglich macht; wir sind im sich im Kreis bewegenden Bannspruch verfangen wie *Der wandernde Musikant* des kleinen Liederzyklus (Nr.3), der sich und uns ein traurig-frohes Stoßgebet zuraunt:

„Gott schütz dein Herz in Ewigkeit,
Daß es nie traurig werde."

Ruhm und Nachruhm von Eichendorffs *Taugenichts* stand nie in Frage, wiewohl er stets von Aktualisierungen verschont blieb und sich jenseits von Wiederentdeckungen behaupten konnte. Seine Antiquiertheit und Zeitab-

gewandtheit gewährleisteten seine Dauerhaftigkeit bei
zumeist konservativen Verehrern. Nachklänge seiner
Dichtung finden sich in der Moderne kaum, in heutiger
Gegenwart nach aller Moderne allenfalls in zaghaften
Anspielungen neuerer Naturlyrik. Am reichsten war die
Bezugsdichte auf den *Taugenichts* in der neuromantischen
Produktion von seelenverwandten Vagabunden, wie sie
vor allem bei Hermann Hesse und in seinem Umkreis
anzutreffen sind. Ein Marginale, wenngleich bezeichnend
für die tradierten Klischeevorstellungen der Eichendorff-
Rezeption, die ihn für alle zeitgenössischen Debatten un-
tauglich erachtete, ist die Tatsache, dass der Dichter, in
dessen Gesamtwerk Heimat ein zentraler Begriff ist, in
jenem Text nicht einmal genannt wird, der als säkulari-
sierte Fortschreibung des von Novalis avisierten Ziels
gelten kann. Ernst Blochs große Prophetie des 20. Jahrhunderts, *Das Prinzip Hoffnung*, das in eben diesen Begriff
„Heimat" mündet und ihn umschreibt als etwas, „das allen
in die Kindheit scheint und worin noch niemand war",
kennt weder den „Dichter der Heimat" noch den
„Dichter des Heimwehs", kennt weder den Sänger der
„schönen Heimat" noch dessen Sehnsucht nach der
„fernen Heimat", die der Taugenichts in seinem Herzen
viel tausendmal grüßt.